ASPECTOS DE OPERAÇÕES MULTICANAIS E *OMNICHANNEL*

Laís Ribeiro
Dayanna dos Santos Costa Maciel

ASPECTOS DE OPERAÇÕES MULTICANAIS E *OMNICHANNEL*

Rua Clara Vendramin, 58 :: Mossunguê
CEP 81200-170 :: Curitiba :: PR :: Brasil
Fone: (41) 2106-4170
www.intersaberes.com
editora@intersaberes.com

Conselho editorial
Dr. Alexandre Coutinho Pagliarini
Drª. Elena Godoy
Dr. Neri dos Santos
Dr. Ulf Gregor Baranow

Editora-chefe
Lindsay Azambuja

Supervisora editorial
Ariadne Nunes Wenger

Assistente editorial
Daniela Viroli Pereira Pinto

Edição de texto
Floresval Nunes Moreira Junior
Letra & Língua Ltda. – ME
Guilherme Conde Moura Pereira

Capa
Luana Machado Amaro (*design*)
Wright Studio/Shutterstock (imagem)

Projeto gráfico
Bruno Palma e Silva

Diagramação
Laís Galvão

Equipe de *design*
Débora Cristina Gipiela Kochani
Luana Machado Amaro
Iná Trigo

Iconografia
Maria Elisa Sonda
Regina Claudia Cruz Prestes

Dados Internacionais de Catalogação na Publicação (CIP)
(Câmara Brasileira do Livro, SP, Brasil)

Ribeiro, Laís
   Aspectos de operações multicanais e omnichannel/
Laís Ribeiro, Dayanna dos Santos Costa Maciel. Curitiba:
InterSaberes, 2022.

   Bibliografia.
   ISBN 978-65-5517-367-3

   1. Clientes – Contatos 2. Comércio eletrônico
3. Estoques – Administração 4. Logística (Organização)
5. Marketing 6. Planejamento estratégico 7. Varejo
I. Maciel, Dayanna dos Santos Costa. II. Título.

21-84700   CDD-658.87

Índices para catálogo sistemático:
1. Operações multicanais e omnichannel:
Administração   658.87

Cibele Maria Dias – Bibliotecária – CRB-8/9427

1ª edição, 2022.

Foi feito o depósito legal.

Informamos que é de inteira responsabilidade das autoras
a emissão de conceitos.

Nenhuma parte desta publicação poderá ser reproduzida
por qualquer meio ou forma sem a prévia autorização da
Editora InterSaberes.

A violação dos direitos autorais é crime estabelecido na Lei
n. 9.610/1998 e punido pelo art. 184 do Código Penal.

sumário

apresentação 9
como aproveitar ao máximo este livro 12

Capítulo 1
Operações multicanais
1.1 Introdução aos processos multicanais 20
1.2 Integração de sistemas e processos 27
1.3 Racionalização de processos organizacionais 28
1.4 Consumo multicanal 31
1.5 *Backroom* e *frontroom* 42
1.6 Estratégias multicanal 43
1.7 Tendências 48

Capítulo 2
Omnichannel
2.1 Conceito de *omnichannel* 56
2.2 Vantagens da estratégia *omnichannel* 59
2.3 Processos empresariais de *omnichannel* 61
2.4 Como aplicar o *omnichannel* em uma empresa 64
2.5 Ação estratégica para *omnichannel* 72
2.6 Avaliação das operações 73
2.7 Varejo *omnichannel* 75
2.8 Processos da cadeia de suprimentos 81

2.9 Planejamento de demandas   82

2.10 Métodos de venda *omnichannel*   85

2.11 Plataformas de *e-commerce omnichannel* e configuração de lojas *omnichannel*   90

2.12 Operações de vendas e de pós-venda   94

Capítulo 3
Logística
3.1 Compreendo a logística   102

3.2 Logística aplicada ao *omnichannel*   110

3.3 Implementação *omnichannel*   122

3.4 Percepção dos consumidores   125

3.5 O consumidor *omnichannel*   127

3.6 Logística reversa em multicanais   128

3.7 Gestão de estoques   130

Capítulo 4
Omnichannel e-commerce
4.1 Comércio eletrônico e o *omnichannel*   146

4.2 Compra *on-line*   148

4.3 Intangibilidade do produto ou serviço *on-line*   154

4.4 Serviços *on-line*   156

4.5 Consumidor *on-line*   161

4.6 Imagem e atributos da venda *on-line*   167

Capítulo 5
Marketing de varejo multicanal
5.1 Entendendo o *marketing* de varejo multicanal   180

5.2 Estratégia de *marketing*   187

5.3 *Agile marketing*   190

5.4 Transformação digital   191

5.5 Propaganda multicanal   197

5.6 Comportamento *free-riding* no varejo multicanal   205

5.7 Operações de atendimento no *omnichannel* e identificação de clientes nos locais físicos   207

5.8 CRM, *chatbots* e *business inteligence*   209

Capítulo 6
Planejamento e controle de estoques multicanais
6.1 Compreendendo o planejamento e o controle
de estoques multicanais   217
6.2 Sistemas integrados de estoque   220
6.3 Tipos de estoque   227
6.4 Funções e ferramentas para controle de estoque   231
6.5 Recebimento e programação de entregas de pedidos e separação de produtos   237
6.6 Vantagens e desvantagens da descentralização de estoques em *omnichannel*   239
6.7 Sistema de manufatura   240

considerações finais   249
referências   251
bibliografia comentada   259
sobre as autoras   263

apresentação

Planejar e desenvolver um livro consiste em um complexo processo de tomada de decisão. Por essa razão, representa um posicionamento ideológico e filosófico em relação aos temas abordados. A escolha de incluir determinado assunto pode significar a exclusão de outros igualmente importantes, em decorrência da impossibilidade de dar conta de todas as ramificações que um tópico pode apresentar.

Nessa direção, a difícil tarefa de organizar um conjunto de conhecimentos sobre determinado objeto de estudo – nesse caso, as operações multicanais e o *omnichannel* – requer a construção de relações entre conceitos, constructos e práxis, articulando saberes de bases teóricas e empíricas. Em outros termos, trata-se de estabelecer uma rede de significados entre saberes, experiências e práticas, assumindo que tais conhecimentos se encontram em constante processo de transformação.

Assim, a partir de cada novo olhar, novas associações, novas interações e diferentes interpretações se descortinam e outras ramificações intra e interdisciplinares se estabelecem. Embora desafiadora, a natureza dialética da construção do conhecimento é o que sustenta o dinamismo do aprender, movendo-nos em direção à ampliação e revisão dos saberes.

Ao organizarmos este material, vimo-nos diante de uma infinidade de informações que gostaríamos de apresentar. No entanto, tivemos de fazer escolhas, assumindo o compromisso de auxiliar o leitor na expansão de seus conhecimentos sobre o ensino de *omnichannel* e operações multicanais como estratégia didático-pedagógica.

As ferramentas de gestão multicanais não são apenas para grandes empresas. Planejar a informação que deseja transmitir para o público e como você quer transmiti-las é uma das tarefas que devem ser feitas desde o início de qualquer empreendimento.

Nesta obra, você aprenderá que trabalhar com vários canais é muito importante para que uma organização se consolide. Em um mercado cada vez mais competitivo, especialmente no comércio digital, as empresas que conseguem criar uma conexão com o público obtêm grande destaque. E o *omnichannel* é a perspectiva apropriada para estabelecer essa afinidade entre o consumidor e a empresa.

Essa estratégia pode, ou melhor, deve ser desenvolvida de várias formas. Recomenda-se, primeiramente, compreender a importância das operações multicanais na empresa, independentemente de ela ser composta por apenas um ou por centenas de colaboradores. É essencial que, internamente, os processos sejam coesos, para que a missão correta seja transmitida ao público externo. Isso porque os clientes não se preocupam apenas com os canais, mas também com a experiência de compra. Assim, é melhor fornecer um excelente serviço por meio de canais cruzados, e as empresas que não se adaptarem a essa nova realidade vão, inevitavelmente, perder mercado e reduzir os lucros, uma vez que os canais cruzados permitem a divulgação de informações de *marketing* integradas, garantindo, assim, uma experiência consistente do cliente, ao passo que os canais corporativos, sem estratégia cruzada, podem, em última análise, competir apenas no preço.

Para o varejo, as operações multicanais oferecem muitos benefícios. Do ponto de vista de um varejista ou uma empresa de manufatura, uma das vantagens se refere à fidelidade do cliente, o que pode trazer receitas maiores para a empresa.

No Capítulo 1 desta obra, apresentamos uma introdução aos processos multicanais, bem como suas principais estratégias, além das formas de consumo e do modelo de negócios sob essa perspectiva.

No Capítulo 2, descrevemos o conceito e a aplicabilidade da abordagem *omnichannel*, diferenciamos os termos multicanal e *crosschannel* e apontamos as vantagens de sua implementação. Também evidenciamos a delimitação do varejo *omnichannel* e seus principais métodos de venda.

Por sua vez, no Capítulo 3, iniciamos a parte prática das operações logísticas aplicadas aos processos multicanais e *omnichannel*, assim como apresentamos o passo a passo para a implementação e a percepção dos consumidores sobre esse serviço.

No Capítulo 4, analisamos as características do comércio eletrônico, um dos principais canais de venda e varejo da atualidade. Na sequência, examinamos, ainda, a intangibilidade do produto e serviço *on-line*, o perfil do consumidor e importantes atributos de imagem no *e-commerce*.

Já no Capítulo 5, versamos sobre as estratégias de visibilidade da empresa multicanal por meio de ações de *marketing* e propaganda e propomos uma discussão sobre o comportamento *free-riding* no varejo multicanal.

Por fim, no Capítulo 6, abordamos as operações multicanais por meio dos processos de gestão e controle de estoque, assim como suas ferramentas e seus principais sistemas informatizados de manufaturas integradas.

Desejamos a vocês, estudantes, pesquisadores, professores de varejo, operações multicanais, *marketing* e demais interessados no ensino de *omnichannel*, excelentes reflexões e aprendizados.

como aproveitar ao máximo este livro

Empregamos nesta obra recursos que visam enriquecer seu aprendizado, facilitar a compreensão dos conteúdos e tornar a leitura mais dinâmica. Conheça a seguir cada uma dessas ferramentas e saiba como estão distribuídas no decorrer deste livro para bem aproveitá-las.

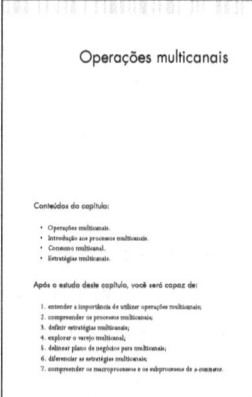

Conteúdos do capítulo
Logo na abertura do capítulo, relacionamos os conteúdos que nele serão abordados.

Após o estudo deste capítulo, você será capaz de:
Antes de iniciarmos nossa abordagem, listamos as habilidades trabalhadas no capítulo e os conhecimentos que você assimilará no decorrer do texto.

Introdução do capítulo
Logo na abertura do capítulo, informamos os temas de estudo e os objetivos de aprendizagem que serão nele abrangidos, fazendo considerações preliminares sobre as temáticas em foco.

O que é

Nesta seção, destacamos definições e conceitos elementares para a compreensão dos tópicos do capítulo.

Exemplificando

Disponibilizamos, nesta seção, exemplos para ilustrar conceitos e operações descritos ao longo do capítulo a fim de demonstrar como as noções de análise podem ser aplicadas.

Exercícios resolvidos

Nesta seção, você acompanhará passo a passo a resolução de alguns problemas complexos que envolvem os assuntos trabalhados no capítulo.

Para saber mais
Sugerimos a leitura de diferentes conteúdos digitais e impressos para que você aprofunde sua aprendizagem e siga buscando conhecimento.

Importante!
Algumas das informações centrais para a compreensão da obra aparecem nesta seção. Aproveite para refletir sobre os conteúdos apresentados.

Perguntas & respostas
Nesta seção, respondemos a dúvidas frequentes relacionadas aos conteúdos do capítulo.

Consultando a legislação

Listamos e comentamos nesta seção os documentos legais que fundamentam a área de conhecimento, o campo profissional ou os temas tratados no capítulo para você consultar a legislação e se atualizar.

Estudo de caso

Nesta seção, relatamos situações reais ou fictícias que articulam a perspectiva teórica e o contexto prático da área de conhecimento ou do campo profissional em foco com o propósito de levá-lo a analisar tais problemáticas e a buscar soluções.

Síntese

Ao final de cada capítulo, relacionamos as principais informações nele abordadas a fim de que você avalie as conclusões a que chegou, confirmando-as ou redefinindo-as.

Bibliografia comentada

Nesta seção, comentamos algumas obras de referência para o estudo dos temas examinados ao longo do livro.

BALLOU, R. **Gerenciamento da cadeia de suprimentos**: planejamento, organização e logística empresarial. 5. ed. Porto Alegre: Bookman, 2006.

Esse livro, que foi publicado no Brasil em 2006, aborda o planejamento, a organização e o controle da logística empresarial da cadeia de suprimentos. Nele, o leitor encontrará a aplicação prática das principais questões sobre cadeias de suprimento e estoque por meio de exemplos, exercícios e estudos de caso, que transcendem o estudo teórico-conceitual.

O livro, em seu formato completo, também disponibiliza um material em mídia com programas didáticos informatizado voltado à solução de problemas e previsão de demanda, localização de instalação, roteirização de veículos e dimensionamento de estoques, fatores muito importantes para operações multicanais.

MAGALHÃES, A. **Logística omnichannel & e-commerce**: soluções para as cidades do futuro. eBook Kindle, 2020.

Esse livro traz uma análise detalhada do conceito omnichannel reunindo dados atualizados sobre sua aplicação no mercado

Operações multicanais

Conteúdos do capítulo:

- Operações multicanais.
- Introdução aos processos multicanais.
- Consumo multicanal.
- Estratégias multicanais.

Após o estudo deste capítulo, você será capaz de:

1. entender a importância de utilizar operações multicanais;
2. compreender os processos multicanais;
3. definir estratégias multicanais;
4. explorar o varejo multicanal;
5. delinear plano de negócios para multicanais;
6. diferenciar as estratégias multicanais;
7. compreender os macroprocessos e os subprocessos de *e-commerce*.

Neste livro, abordaremos os principais processos envolvidos nas operações multicanais e discutiremos o consumo multicanal na realização da pré-compra, da compra e do atendimento do pedido. Finalizaremos com a abordagem das principais tendências desse segmento.

capítulo 1

As empresas devem considerar a tendência crescente de vários pontos de contato com o consumidor. Para quem pretende posicionar-se de maneira clara e estratégica no negócio eletrônico, um requisito básico é a compreensão do espaço eletrônico em todas as atividades abrangidas pela sua cadeia de negócio e nos diferentes modelos de funcionamento que dela decorrem.

À medida que os consumidores estão cada vez mais interligados por meio dos diferentes dispositivos conectados à internet, os varejistas precisam considerar experiências com vários canais. No que diz respeito ao canal, os clientes vão interagir com a empresa por meio de pontos de contato. Esses pontos de contato incluem lojas físicas, *call centers* e *sites*, bem como canais interativos, que abrangem aplicativos, redes sociais, *sites* móveis, mensagens e anúncios interativos via *smartphones*, *tablets*, carros e até mesmo eletrodomésticos.

Seja na internet, em um dispositivo móvel ou em um ponto de venda (PDV) eletrônico, o cliente pode entrar em contato e efetuar negócios por meio de diversos canais. É difícil saber qual canal o cliente utilizará para finalizar sua escolha, mas, em qualquer caso, a experiência de contato deve ser consistente e fácil para ele.

O que é

Sistema PDV é o terminal utilizado por um operador de caixa em que estão reunidos diversos equipamentos relacionados com o processo de venda, ou seja, é o lugar onde a venda é finalizada. Muitas vezes, é o lugar em que se entra em contato com o consumidor, a depender do tipo de negócio.

Desde a fase inicial de aquisição de informações sobre produtos e serviços até a compra, desde o processo de atendimento e todas as etapas dos processos de compra e de pós-compra, os múltiplos canais interativos devem ser viabilizados. Fornecer uma experiência de compra consistente requer uma visão unificada dos clientes. Para isso, é necessário o uso de um sistema de informação unificado em todos os canais da recepção, *mid-range office* e *back office*.

Portanto, além de oferecer transações comerciais unificadas (preço, disponibilidade, fidelização, histórico do cliente, etc.), é preciso garantir a exposição da empresa e a consistência das cotações de mercado por meio da experiência do cliente em diferentes canais e dispositivos.

Os sistemas de informação são afetados diretamente porque o processo de integração é essencial para fornecer uma experiência substancial em todos os canais e em todas as interações com os clientes.

1.1 Introdução aos processos multicanais

O mercado consumidor está mudando, e isso ocorre em razão do aumento das exigências dos consumidores, que, a cada dia, buscam mais facilidades e mais agilidade nos serviços. Com isso, surge uma nova forma de suprir tais necessidades: a experiência de marca multicanal. O multicanal é considerado uma das dez macrotendências de consumo para os próximos anos (Panetta, 2016).

Em termos de escala, as lojas de varejo continuarão sendo a principal fonte de receita por algum tempo, e a importância dos canais *on-line* depende não apenas do produto, mas também de outros aspectos como estratégia de competitividade e sobrevivência da organização. No entanto, os clientes não consideram os canais apenas para suas compras.

Desse modo, os varejistas precisam tornar possível uma experiência de compra integrada e transparente. Para isso, devem construir suas operações multicanais levando em conta seus sistemas de inteligência de negócios, de modo a entender a voz dos clientes, usar a análise de negócios para rastrear o comportamento do consumidor em todos os canais e redistribuir recursos e prioridades se necessário.

Com a liberação da internet para público e empresas em geral na década de 1990, as lojas *on-line* acabaram por se tornar outro canal. Contudo, cada canal costuma operar de maneira isolada, o que impede a empresa de entender melhor seus clientes.

Na verdade, a experiência de compra é mais importante que o canal, sendo mais indicado fornecer o melhor serviço por meio de canais cruzados. As empresas que não se adaptam a essa nova realidade vão, inevitavelmente, perder mercado e reduzir os lucros.

Exemplificando

A estratégia multicanal possibilita que o consumidor interaja com a loja por intermédio de vários canais. Exemplo disso é quando ele realiza um pedido *on-line* e busca o produto na loja física ou, então, quando ele compra na loja e recebe o produto em casa.

Para os varejistas, as operações multicanais oferecem muitos benefícios. Do ponto de vista de um varejista ou de uma empresa de manufatura, uma das vantagens é a fidelidade do cliente, o que pode trazer receitas maiores para a empresa.

Vários estudos mostraram que os clientes multicanais gastam mais e são mais fiéis do que os clientes monocanal. Por exemplo, em comparação com clientes que só compram em lojas físicas, os clientes multicanais gastam 82% a mais em cada transação. Em lojas de departamentos, os clientes multicanais gastam quatro vezes mais do que os clientes monocanal. Isso mostra que o investimento multicanal tem bons retornos e há vários estudos que chegaram a essa mesma conclusão (Azevêdo, 2018).

A principal razão para isso é que o sistema multicanal melhora a visibilidade do estoque da empresa e desta para o cliente, podendo auxiliar nas decisões embasadas em dados precisos, aumentando a receita e reduzindo os custos operacionais. É importante considerar que a simples existência de vários canais não significa, necessariamente, que haja integração entre esses canais; é a integração que realmente traz valor para a empresa.

É importante permitir que as pessoas comprem produtos na loja *on-line* e no PDV com possibilidade de retirarem o produto ou receberem em casa. Hoje, muitos clientes buscam facilidade e comodidade, e as empresas precisam estar preparadas para atender a essas exigências.

Exercício resolvido

Estudos demonstram que uma empresa pode efetuar um maior número de vendas se disponibilizar diferentes canais de interação entre o cliente e a loja ou o produtor, sejam eles físicos, sejam *on-line*. Considerando isso, assinale a alternativa que melhor descreve o conceito de operações multicanais.

- a. Trata-se da disponibilidade de várias formas de pagamento em uma loja.
- b. Refere-se à disponibilidade de diversos canais de vendas para uma mesma loja ou um mesmo produto.
- c. Diz respeito a uma loja que mantém diversas redes sociais, como Instagram e Facebook.
- d. Trata-se de uma loja, física ou *on-line*, que disponibiliza diversos produtos.

Gabarito: b

Feedback **do exercício**: A operação multicanal disponibiliza diversos canais de vendas para uma mesma loja ou produto, facilitando o processo de consumo e a interação entre o cliente e a organização.

De acordo com *E-Commerce* Brasil (2012b), os consumidores de vários canais de varejo *on-line* têm dado mais ênfase à consistência, à conveniência e ao serviço conhecidos na experiência de compra. No entanto, o desempenho da empresa nessas áreas é, em geral, abaixo das expectativas dos clientes.

Sobre consistência, é necessário considerar dois aspectos: informações relacionadas ao produto e conteúdo estático dos canais *on-line*. Em primeiro lugar, o uso de sistemas de gerenciamento de conteúdo de produtos pode centralizar todas as informações relacionadas ao produto, sejam elas técnicas, de *marketing* ou de vendas.

Em seguida, informações uniformes e consistentes podem ser exibidas em todos os canais, tendo em vista a necessidade de um sistema de gerenciamento de conteúdo para usar modelos que garantam a consistência entre os canais, por exemplo, o uso de blocos de texto.

Os clientes devem ser capazes de interagir com a empresa independentemente do canal que utilizam, ou seja, a experiência deve ser simples e intuitiva. Isso é possível por meio de uma plataforma que abranja todos os canais.

Os serviços disponíveis em todos os canais devem ser os mesmos. Por exemplo, todas as opções de pagamento e entrega devem estar em todos os canais oferecidos.

Os dispositivos móveis criaram a possibilidade de realmente comprar a partir de qualquer lugar onde o cliente estiver, o que consolidou a necessidade de uma empresa se utilizar de vários canais. Para tirar vantagem desse nicho de mercado, é importante considerar que os canais móveis não podem ser tratados de maneira isolada: eles devem ser consistentes com os demais canais, de modo a criar estratégia *crosschannel*.

> ### Exemplificando
>
> O uso conjugado de diferentes canais pode ser feito por meio de localizadores de lojas que ajudam os clientes a encontrar o PDV mais próximo ou cupons de desconto de compra física. Na prática, as redes de *fast-food* Mc Donald's e Buger King utilizam essa estratégia ao oferecer, em aplicativos próprios, promoções e descontos que podem ser utilizados em lojas físicas próximas do cliente. Assim, o cliente abre o aplicativo, escolhe o produto que quer e é gerado um cupom para ser utilizado como forma de pagamento na hora da compra.

Também é importante que a plataforma utilizada tenha um sistema de gerenciamento de conteúdo que conserve as informações, e estas devem ser integradas com outros canais e sistemas.

A experiência de compra desses dispositivos deve ser tão rica quanto a experiência de compra das lojas *on-line* tradicionais, por isso é necessário criar *designs* específicos para celulares e *tablets*. Atualmente, uma loja sem formato para dispositivos móveis terá grandes chances de fracasso. É preciso adaptar-se a essa realidade e criar experiências para os clientes, gerando mais fidelização e engajamento.

Uma opção para os varejistas é usar um telefone celular para obter vantagens. Por exemplo, se um cliente comprar um produto dentro de um período de 30 minutos após ter escaneado tal produto com um telefone celular, ele receberá um desconto de 10%, o qual deverá ser ativado pelo uso de um QR code.

Comprar pelo celular tornou-se uma realidade. Nos Estados Unidos, os canais móveis não são mais apenas uma aposta, as redes de varejo já os incorporaram em suas estratégias de negócios. A empresa PayPal registrou, em 2011, um valor de 4 bilhões de dólares em pagamentos de compras de telefones celulares e planejou alcançar a marca de 7 bilhões de dólares em pagamentos em todo o mundo naquele ano. Apenas nos

Estados Unidos, 11,6 bilhões de dólares foram gastos em compras pelo celular em 2012 (Paypal, 2021).

Outra estratégia de sucesso é implementar "estoque ilimitado", que se dá por integração com sistemas OMS ou funcionalidades da plataforma. A ideia é que o cliente sempre encontre o que deseja, independentemente do canal pelo qual interage com a loja. Dessa forma, os clientes podem comprar *on-line* e receber na loja, comprar na loja e receber em casa, ou comprar em uma loja e receber em outra, porque o sistema permite que a loja *on-line* ou os vendedores de PDV encontrem os produtos em qualquer lugar. E isso ocorre por meio de integração com sistemas OMS ou com as funcionalidades da plataforma.

Esse sistema é derivado de uma compreensão abrangente do inventário. Isso torna o varejista uma referência para seus segmentos de mercado, podendo criar um cliente fiel que não deixa de comprar em virtude de pequenas diferenças de preço da concorrência.

No entanto, o mais importante é que cada canal tem suas particularidades, vantagens e desvantagens. Os clientes desejam interagir com a loja por meio de todos eles, em diferentes momentos, situações e necessidades.

As empresas devem, em primeiro lugar, compreender como cada canal funciona, como se comportam e as possibilidades que podem ser exploradas em cada um, para, depois, aprender a prestar serviços ao cliente que começa a compra em um canal e termina em outro. Mesmo quando um cliente decide não concluir a compra no meio virtual (mas, ainda assim, deseja adquirir o produto cujo processo de compra foi iniciado *on-line*), ele chegou à loja física apenas para finalizar o processo, ou seja, para concluir a compra presencialmente.

Os consumidores atuais desejam manter uma interação consistente com a empresa, independente do canal pelo qual a transação ocorre, e a empresa deve adaptar-se.

As compras por meio de dispositivos móveis e redes sociais se mantêm de modo crescente e, em diversos segmentos, têm alcançado uma participação maior do que o formato tradicional.

Para saber mais

O varejo multicanal disponibiliza alternativas de consumo por meio de canais de vendas, considerando o comportamento do consumidor, que depende de três fatores principais:

- **Meio**: loja física, *on-line*, telefônico, catálogos ou revistas, televisão e *smartphones*, entre outros.
- **Época**: momento ou circunstância da compra.
- **Cultura**: costumes de uma sociedade, determinados pela região, pela época e pelos recursos de que ela dispõe.

De todo modo, o varejo multicanal enfrenta diversos desafios. Entenda um pouco mais assistindo ao vídeo indicado a seguir:

OS DESAFIOS do varejo multicanal. **Jornal do Consumidor**, 17 dez. 2018. Disponível em: <https://www.youtube.com/watch?v=JU71l8DWZHE>. Acesso em: 10 nov. 2021.

O importante é desenvolver uma experiência agradável e processos fluídos, de modo que o cliente que tem um *smartphone* e o utiliza para quase tudo ou alguém que goste de passear em um *shopping center* possam utilizar diversos canais. Se a empresa estiver presente em apenas um desses canais, muitos clientes não terão acesso aos produtos dela.

De acordo com a J.C. Penney Company (2019), quando as lojas disponibilizam catálogos, os gastos dos consumidores aumentam duas vezes, e quando elas disponibilizam os mesmos canais e mais a internet, os gastos dos consumidores aumentam quase quatro vezes.

Exemplificando

A loja Shoptime é um bom exemplo de multicanal, pois atende seus clientes por telefone, está presente na internet, disponibiliza catálogo e é ativa nas redes sociais.

O fato é que as empresas precisam ter presença multicanal, mas isso deve ser feito da melhor maneira possível, com vistas a manter a integração entre os canais, já que, sem essa integração, alguns problemas podem surgir, como:

- falta de comunicação;
- limitação de estoque;
- erros operacionais;
- atrasos de entrega ou logística;
- desatualização;
- grande quantidade de fornecedores.

1.2 Integração de sistemas e processos

Segundo Ross, Weill e Robertson (2008), a integração tem como objetivo conectar os esforços de unidades organizacionais por meio de dados compartilhados. Esse compartilhamento de dados pode ser entre processos, possibilitando o processamento de transações de ponta a ponta, ou por meio de processos, permitindo que a empresa apresente uma única expressão aos clientes.

Um trabalho de ponta a ponta leva em conta todos os detalhes envolvidos até a entrega para o cliente final propriamente dita, e o retorno esperado pelo atendimento pode ser uma visão de parte desse trabalho dentro da organização ou, ainda, uma visão de cadeia de valor que abrange outras organizações, como aponta Tonini (2020).

Dessa forma, a integração de processos tem uma amplitude de alcance que pode ultrapassar as estruturas funcionais das organizações, já que tem como ponto principal a centralização das informações e da estrutura dos processos em um único sistema, o que favorece o aperfeiçoamento dos serviços, auxiliando ou, até mesmo, conduzindo outros processos e entregando valor para os clientes.

Com essa integração, é possível ter um olhar abrangente sobre o negócio, auxiliando no gerenciamento das tarefas realizadas e no relacionamento delas entre si.

Os benefícios da integração compreendem uma maior eficiência, coordenação, transparência e agilidade. Um conjunto integrado de processos de negócios pode aperfeiçoar o atendimento ao cliente, proporcionar uma administração mais bem informada para a tomada de decisões e permitir que mudanças em uma parte da empresa alertem as outras partes quanto a ações a serem executadas. A integração também pode acelerar o fluxo geral de informações e de transações por toda a empresa, como elucidam Ross, Weill e Robertson (2008).

Exemplificando

Ross, Weill e Robertson (2008) fornecem o exemplo de uma montadora de veículos que decide integrar processos para que, no momento do registro de uma venda, um carro seja reservado entre aqueles que estiverem em produção. Ao compartilhar dados continuamente entre processos da gestão de pedidos e cronograma de montagem, a empresa melhora sua integração interna e, consequentemente, seu atendimento ao cliente.

O maior obstáculo à integração está relacionado, geralmente, a dados. A integração de ponta a ponta exige que as empresas desenvolvam definições e formatos padronizados para dados que serão compartilhados por meio de unidades comerciais ou seções. Para que as unidades comerciais compartilhem informações sobre os clientes, elas devem entrar em acordo quanto ao formato. Do mesmo modo, devem compartilhar uma definição comum de termos como *venda*, que pode referir-se ao momento em que o contrato é assinado, a quando o dinheiro é pago ou a quando o produto é entregue (Ross; Weill; Robertson, 2008).

1.3 Racionalização de processos organizacionais

Lucinda (2010) afirma que, para que a análise e a melhoria dos processos organizacionais sejam bem executadas, é necessária uma visão global, isto é, uma percepção clara do conjunto de processos da organização e seus inter-relacionamentos. Um processo organizacional não funciona isoladamente, ele pode apoiar alguns processos, bem como receber apoio de outros, por isso, essa relação deve ser mapeada, visto que, em alguns casos, o mal funcionamento de um processo pode ser gerado por falhas em seus processos de apoio.

O mapeamento tem como objetivo compreender a operação, com todos os detalhes que podem auxiliar na melhoria dos processos de negócios de uma organização, além de ser muito importante quando se deseja transformar um processo. Vejamos a Figura 1.1, a seguir.

Figura 1.1 – Exemplo de mapeamento de compra virtual

Essa etapa, conforme Xavier et al. (2017), pode ser realizada com a utilização de algumas ferramentas, como reuniões em grupos, entrevistas isoladas, questionários, observação em campo, coleta de documentos e evidências, análise de sistemas legados e, ainda, com a definição da notação, com a padronização da documentação ou com ferramentas de modelagem.

A análise de processos compreende várias metodologias com a finalidade de entender o processo no contexto das metas desejadas, ou seja, entender os anseios da organização e dos envolvidos, os pontos de melhoria e, até mesmo, determinar se a ação adequada a ser adotada envolve o trabalho com processos ou alguma outra ação organizacional, esclarecem Baldam,

Valle e Rozenfeld (2014). Nessa análise, também são observados os processos que não estejam funcionando corretamente e que, consequentemente, estejam prejudicando o desempenho organizacional.

Segundo Cavalcanti (2017), o redesenho é uma reestruturação dos processos, definindo a forma como eles deverão ser realizados no futuro. Com isso, os processos existentes são repensados com a intenção de oferecer maior valor para o cliente, enfatizando a satisfação de suas necessidades. O objetivo principal é aperfeiçoar os processos de negócios ponta a ponta dentro da organização e tem como benefícios a diminuição dos custos e tempo do ciclo, pois elimina atividades que não são produtivas, e a melhoria da qualidade, diminuindo a fragmentação do trabalho.

A modelagem dos processos busca retratar graficamente, por meio do mapeamento, da análise e do redesenho, o encadeamento de atividades que compõem um processo, indicando as dimensões de interesse de acordo com os objetivos que cada situação recomenda (Cavalcanti, 2017). Ainda conforme esse autor, ela tem como objetivo a apresentação de uma visão sintetizada, mas integrada, dos processos da organização para uma finalidade preestabelecida. Assim como é a consolidação do que foi levantado no mapeamento do processo.

Por meio da modelagem são desenvolvidos diagramas que demonstram as atividades da organização (ou apenas de uma área) e a sequência em que são realizadas. Para isso, são necessários diversos dados referentes ao processo e do conhecimento dos fatores que influenciam seu comportamento, como os recursos envolvidos, sejam estes pessoas, tecnologias, instalações, insumos ou outro.

De acordo com Xavier et al. (2017), existem diversas ferramentas no mercado que podem auxiliar nesse processo. A seguir, citamos algumas delas:

- **Visio**: facilita a criação de diagramas profissionais.
- **BPM Suite**: apresenta recursos de fácil utilização e que possibilitam o monitoramento dos colaboradores e a execução dos processos do time, tudo isso em tempo real.

- **Oracle Business Process Management**: é considerada a ferramenta mais completa e abrange desde a modelagem até a automação e o monitoramento de processos.
- **Aris Toolset**: são agrupados os diversos modelos com o objetivo de descrever de modo fácil de entender, bem como capaz de demonstrar toda a complexidade que faz parte do processo de negócio.
- **Orquestra**: pode ser facilmente utilizado por pessoas que não têm conhecimento de programação ou de tecnologias complexas para desenhar fluxogramas, configurar atividades e publicar aplicações de processos.
- **Intalio**: tem componentes responsáveis pela modelagem de processos, pela execução dos processos e pelas tarefas humanas no processo.
- **Arpo**: é o *software* de modelagem de processos que tem o maior número de clientes de referência no Brasil e contém várias funcionalidades essenciais para a modelagem de processos.

Dessa forma, podemos perceber que a modelagem de processos auxilia as organizações a analisar com clareza seus processos e, com isso, possibilitam que os aperfeiçoamentos necessários sejam percebidos, otimizando os negócios da empresa.

1.4 Consumo multicanal

O comércio eletrônico é uma alternativa oportuna à forma como as empresas vendem. Os consumidores estão mais exigentes, pois compraram produtos e preços e compram mercadorias sem restrições geográficas, tudo isso com uso do computador e na comodidade de suas casas. Trata-se de um cliente *on-line* que utiliza *e-commerce*, consolidando um modelo de negócios que continua crescendo a uma taxa de 30% ao ano (Di Bonifácio, 2012).

Mas esse cliente quer mais conveniência, mais informações, menos perda de tempo, melhores serviços e valores. Ele quer consumir enquanto estiver em uma fila de banco ou no trânsito, quer fazer o *check-in* de seu voo ou simplesmente realizar uma compra deitado em sua cama. Portanto, o cliente deseja expandir sua experiência de compra e obter preços, produtos e serviços onde quer que esteja.

Além do *site* de uma loja, acessível pelo navegador do computador, as empresas ainda dipõem de outros dois pontos importantes de contato para se comunicar com o cliente pela internet. Um deles é o **telefone celular**, dispositivo no qual as pessoas passam mais tempo: trabalham e brincam com ele, dormem e acordam ao lado dele, usam-no no trânsito intenso, para realizar transações bancárias ou em diversas outras atividades do dia a dia.

Além desse dispositivo, temos de considerar que as pessoas passam cada vez mais tempo nas **redes sociais**, ou seja, podem interagir socialmente. O mundo móvel, e as tecnologias de rede social são áreas do varejo virtual.

Por meio do *mobile commerce*, a loja pode ser localizada no celular do cliente. Esse acesso pode ser feito de qualquer lugar, até mesmo de dentro de uma loja física de uma empresa concorrente, desde que haja sinal de internet. O *mobile commerce* proporciona comodidade, agilidade e maior presença da loja junto ao cliente.

Já para o *social commerce*, o objetivo é incorporar as compras ao ambiente social do cliente. Nesse conceito, os consumidores podem compartilhar suas compras, seus produtos preferidos e suas lojas favoritas e recomendá-los a seus conhecidos e, principalmente, trocar experiências e informações sobre produtos e lojas.

O componente social de consumo e as informações recolhidas ou solicitadas à rede de relacionamentos desempenham um papel importante no processo decisivo de compra.

Há uma grande diferença entre uma loja prometer um serviço de entrega rápida e receber a informação de que algum amigo comprou e realmente recebeu o pedido no dia seguinte. Sabendo que um amigo teve uma boa experiência de compra em determinada loja, que ele foi bem atendido pelo serviço de atendimento ao cliente, que o pedido chegou no prazo e não houve grandes problemas no caso de troca, tudo isso pesa grandemente a favor de uma empresa na hora da compra, mesmo que o comprador nunca tenha ouvido falar dela.

> **Exemplificando**
>
> Ouvir um familiar ou amigo falar que determinado produto, bem ou serviço, como uma *smart* TV, por exemplo, é incrível e que sua utilização é simples ou necessária, é mais importante para influenciar uma compra do que longas páginas de descrições técnicas.

Contudo, para que essa estratégia funcione, é preciso compreender todos os macroprocessos envolvidos, assim como suas evoluções, de acordo com o comportamento dos consumidores e as novas oportunidades que surgem nesse ambiente. Conforme essa compreensão, é possível estabelecer um posicionamento mais claro em relação ao plano de negócio adotado.

Inicialmente, entenda que três principais macroprocessos podem fazer parte do comércio eletrônico, quais sejam: pré-compra; compra; e atendimento do pedido.

1.4.1 Pré-compra

Esse macroprocesso inclui todas as atividades e interações que ocorrem antes de um cliente fazer um pedido em uma operação de compra virtual.

O comprador, espontaneamente, toma iniciativa de interagir, por meio de algum canal disponível, e executa uma atividade de pesquisa para o produto que deseja comprar, analisa o produto oferecido, informa-se sobre a experiência de compra de outros clientes, constrói e explora a rede. O principal resultado de todo o processo de pré-venda é a criação das condições de compra.

A esse respeito, destacamos, a seguir, os canais de interação e os modelos de negócio.

Canais de interação

Um aspecto importante do relacionamento geral entre compradores e vendedores é o canal interativo. Este pode ser tradicional (lojas físicas, *shoppings centers*, telefone, correio) ou virtual (*websites*, dispositivos móveis, internet, TV, aplicativos de vendas e de mensagens e ponto de venda eletrônico).

Um ou mais modelos podem ser usados em conjunto para criar um relacionamento multicanal, o que pressupõe que vários canais podem estar envolvidos na interação do início ao fim do processo de contato com o cliente.

Desse modo, é possível classificar as transações de comércio eletrônico multicanal em:

- Consumo 100% virtual.
- Consumo físico.
- Desenvolvimento de demanda por meios virtuais.
- Transação por meio virtual.
- Comércio tradicional (loja física).
- Desenvolvimento de demanda por loja física.

Seja na internet, seja em um dispositivo móvel, seja em um PDV eletrônico com tecnologia *touch screen*, o cliente está conectado e operando em múltiplos canais.

O que é

O funcionamento da tecnologia *touch screen* é baseado no uso de sensores que detectam o toque e o transformam em comando na tela. Na tradução para o português, o termo significa "tela sensível ao toque".

Portanto, desde a fase inicial de aquisição das informações de produtos e serviços até a compra, o processo de atendimento e em todas as etapas do processo de compra e pós-compra, os múltiplos canais interativos devem ser viabilizados.

Além de fornecer informações integradas (preço, disponibilidade, fidelização, histórico do cliente etc.), também é necessário garantir a exposição da empresa e a consistência das cotações de mercado por meio da experiência do cliente em diferentes canais e dispositivos.

Os sistemas de informação são afetados diretamente, uma vez que o processo de integração é essencial para fornecer uma experiência consistente em todos os canais com os consumidores.

Modelos de negócio

Ainda na fase de pré-compra, de acordo com os métodos de integração entre o cliente e a loja, deve-se considerar os seguintes modelos de negócio de varejo eletrônico:

- *E-commerce* tradicional: realizado via interações tradicionais de web, como acesso a *sites* de lojas virtuais.
- *Mobile commerce*: as interações são totalmente realizadas por meio de *smartphones*.
- *Social commerce*: as interações são promovidas, iniciadas ou concluídas nas redes sociais.
- Facebook *commerce*: trata-se de um modelo específico de *social commerce*, promovido pela rede social do Facebook. Nesse modelo, destaca-se a aba *Marketplace*, exclusiva para compra e venda, bem como os direcionamentos ao aplicativo, como alternativa de acesso rápido e assertivo.
- Aplicativos de mensagens: outro meio específico de *social commerce* feito, no entanto, por meio de aplicativos de mensagens.

O Facebook criou o *Facebook for Business* para o desenvolvimento de loja *on-line* e possibilidade de venda em qualquer lugar. Essa funcionalidade oferece coleções personalizáveis de exibição do produto, experiência de integração entre o Facebook e o Instagram e recursos visuais para a marca.

Television commerce

Esse modelo, que promete ser uma das revoluções do varejo interativo do futuro, refere-se a interações realizadas por meio de uma *smart* TV interativa, com ferramentas ou aplicativos específicos para esse fim. Desse modo, o consumidor poderá realizar uma compra no mesmo momento em que assiste a um filme, por exemplo. Ao escolher o produto, poderá gerar um QR code que encaminhará o cliente até o canal de compra mais próximo, que poderá ser, inclusive, *on-line*.

Esses modelos de negócio também podem ser utilizados de forma conjunta. Como exemplo de *mobile commerce* e *social commerce*, uma loja de maquiagens que utiliza o Instagram como um canal para interagir com o cliente pode disponibilizar, em sua página nesse *site*, o catálogo de produtos para que o consumidor compare preços e inicie seu pedido nesse canal para recebê-lo em casa ou retirá-lo na loja física.

Vale ressaltar que o Instagram, seguindo os mesmos preceitos do Facebook, também incorporou ferramentas exclusivas para venda, com a introdução de contas comerciais e aba de loja *on-line*. Dessa forma, impulsionou as vendas por meio de uma plataforma que está presente no dia a dia de grande parte dos consumidores.

Para além do exemplo citado, essa mídia social comporta lojas dentro de múltiplos segmentos, como automobilístico, imobiliário, vestuário e eletrônico, entre outros. O fato de valor, que não pode ser esquecido, é a altíssima visibilidade da marca e o grande alcance de possíveis consumidores.

Atualmente, o Instagram é um importante canal para venda, deixando de ser apenas uma forma de entretenimento e se tornando uma ferramenta de trabalho para muitas pessoas.

Exercício resolvido

As redes sociais viraram o principal meio de interação social dos tempos atuais, possibilitando que as pessoas curtam, comentem e compartilhem conteúdos e, agora, que também comprem. As principais marcas – para não dizer todas – têm um perfil ativo no Instagram. Qual é o modelo de negócio adotado nessa situação?

    a. *Social commerce.*
    b. *Mobile commerce.*
    c. Facebook *commerce.*
    d. *E-commerce* tradicional.

Gabarito: a

Feedback do exercício: O modelo de negócios denominado *social commerce* é utilizado quando as interações são promovidas, iniciadas ou concluídas nas redes sociais. Nesse modelo, as lojas disponibilizam catálogos, informações, preços e promoções por intermédio de sua rede social, que, nesse caso, é o Instagram.

1.4.2 Compra

É nesse macroprocesso que o ato de consumo efetivamente se realiza, por meio de transações do comércio eletrônico, sendo finalizadas no processo de atendimento ao pedido.

Ao analisar essa etapa, é possível compreender os diversos modelos de varejo eletrônico: modelo tradicional; *shopping* virtual; portal de compras; e *link* direto com o pedido.

Modelo tradicional de varejo eletrônico

Seja por meio de busca, de promoção nas redes sociais, de estímulo por e-mail ou SMS ou por meio de algum processo de pré-venda, o modelo mais tradicional de *e-commerce* é aquele em que o comprador chega na loja virtual (*site*, página do Facebook ou Instagram) e realiza a compra utilizando-se de algum meio disponível (*website*, *smartphone* ou TV). O final desse subprocesso é colocar os produtos escolhidos no "carrinho de compras" e confirmar.

Os modelos tradicionais têm diferentes funções e complexidades, podendo ser divididos em grandes lojas de varejo, B2B, além de pequenas e médias lojas varejistas, de acordo com o volume de vendas.

Nesse modelo, é possível observar a necessidade do emprego de canais diferentes aos que ele adota. Isso ocorre muito em função da especificidade do produto. Um exemplo é a venda e a entrega de produtos farmacêuticos que demandam apresentação da prescrição médica antes de as demais etapas do processo seguirem o devido sequenciamento. Cumpre destacar a combinação de canais do mercado tradicional ao mercado virtual: cada vez mais modelos tradicionais empregam o uso de mecanismo em modelo virtual.

Shopping virtual

A partir da transformação no ramo do comércio eletrônico, muitas empresas optaram por não ter loja física, portanto, sem estoques nem vitrines. Os avanços nesse sentido também possibilitaram que as lojas de comércio eletrônico pudessem vender seus produtos 24 horas por dia e abranger o mercado de clientes em todo o mundo.

Com a maior aceitação do consumidor em relação ao uso de lojas virtuais para compra dos mais diversos produtos, muitas empresas começaram a entrar nesse mercado, trazendo consigo maior concorrência, o que passa a ser um fator de preocupação por parte das empresas que atuam nesse mercado, já que os concorrentes não são mais apenas aqueles que se situam na mesma região, ou seja, podem estar em qualquer parte do mundo.

O *marketplace* costuma ser um grande *player* de comércio eletrônico, geralmente de B2C ou C2C. Empresas como Amazon, Mercado Livre e Submarino são exemplos. Nesse ambiente, os comerciantes (com ou sem loja virtual), chamados de *sellers*, firmam contratos com os *marketplace*s e enviam produtos para serem anunciados e vendidos no mesmo. O preço e o estoque devem ser atualizados constantemente pelo *seller*.

No momento em que o *marketplace* vende um produto do *seller*, essa informação é enviada a este último, que, então, deve providenciar a entrega do item vendido. Do mesmo modo, quando ocorre a entrega, tal informação deve ser repassada pelo *seller* ao *marketplace*.

Atente para o fato de que as integrações indicadas costumam ser automáticas, por meio de *softwares* de integração (*hubs*). Ocasionalmente são feitas manualmente, por planilhas eletrônicas.

O que é

Hub logístico compreende a configuração de um ponto de distribuição central que realiza a consolidação de mercadorias para posterior ligação entre os demais pontos de distribuição, caracterizando-se como uma "ruptura" em relação à entrega direta.

Os *marketplace*s são responsáveis pela análise dos produtos enviados pelos *sellers*, pela exibição no *site*, pela divulgação, pelo recebimento pelas vendas (das quais recebe comissão) e pelo estabelecimento de contato com o comprador para qualquer necessidade.

Os *sellers* são responsáveis pela manutenção de preços e estoques, pelo envio de novos produtos e pela entrega dos produtos comprados no *marketplace* (inclusive a cotação de frete é feita no *seller*, e não no *marketplace*, pois este somente envia a cotação ao *seller*, recebe a cotação e a exibe em seu *site*).

Portal de compras

Muitos agentes de renome no mercado mantêm contato direto com milhões de clientes, como operadoras de cartão de crédito, bancos e seguradoras, que têm em mãos o bem mais valioso: os dados de clientes.

Esses agentes têm todo o interesse em atuar diretamente sobre sua base de clientes e estabelecer relacionamentos diretos com esses clientes; os intermediários realizam compras dos grandes varejistas eletrônicos (ou mesmo dos menores), aumentando muito a receita destes.

Portanto, com o surgimento de novos e grandes agentes intermediários, o mercado de varejo eletrônico se reorganizará de modo bastante expressivo, pois tais agentes reúnem os varejistas eletrônicos (inclusive os grandes varejistas) e eliminam alguns deles. Os lucros passam a ter maior controle sobre o relacionamento com os varejistas, ou seja, com o mercado.

Nesse modelo, o consumidor mantém uma relação direta com um agente intermediário (*site*), que, por sua vez, integra-se com várias lojas de varejo eletrônicas para encontrar o melhor preço para o cliente. Depois de fazer o pedido, o comprador pode continuar a ser atendido pelo agente do *site* ou, em um modelo alternativo, pelo varejista selecionado para a transação.

Esse novo panorama ainda é apresentado de maneira sutil, mas certamente vai florescer e mudar fundamentalmente a estrutura econômica do varejo eletrônico, exigindo soluções de interoperabilidade mais complexas para alcançar operações multiagentes integradas.

Nesse contexto, há o emprego dos clubes de compras, das lojas virtuais privadas, das compras coletivas e dos prêmios. A seguir, comentamos cada um deles.

- **Clube de compras**: os agentes intermediários têm despertado o interesse de muitos compradores, combinando vendas e compras de fornecedores (vendas pré-compra). O principal patrimônio do clube de compras são seus membros, com os quais estabelece uma relação estreita e personalizada, pois eles devem estar cadastrados para participar.

- **Loja virtual privada**: modelo ainda pouco utilizado, mas acontece quando a loja virtual decide "queimar" seu estoque sem afetar sua imagem na loja virtual comum. Para tanto, faz a venda para um grupo privado, por meio de *site* restrito a um grupo seleto de usuários.
- **Compras coletivas**: somente quando houver um número mínimo de compradores, a compra será feita a um preço bastante favorável, que é o desconto por atacado obtido devido ao poder aquisitivo do agente intermediário, denominado de comprador coletivo.
- **Prêmios**: outro tipo de intermediário que pode atuar como portal de compras são as empresas que lidam com sistemas de recompensa, pois também mantêm contato direto com grandes grupos de compradores, o que pode levar a um processamento centralizado de transações.

Na prática, muitas lojas e contas bancárias em bancos virtuais têm agregado valor a seus produtos, utilizando o sistema de *cashback* (receber uma porcentagem de dinheiro de volta no ato da compra), que é uma forma de recompensa. Também existem mercados para leilões virtuais (de licitação ou de compra). Outro modelo específico de mercado é o "portal vertical", que permite que empresas de uma mesma unidade de negócios interajam e incentivem transações por meio de negociação direta ou leilões. Vários operadores desse modal estão expandindo suas operações para o modelo mais abrangente de "portal de compra". Embora muitos fornecedores de produtos (varejistas) sejam usados, como uma única interface, ela pode atrair o interesse dos compradores e deve cuidar do relacionamento com eles.

- **Link direto com o pedido**: outro modelo que cresceu, principalmente em razão das redes sociais (mas também pelo aumento das buscas realizadas pelos compradores), é um modelo em que os *links* de acesso não encaminham o cliente para a loja, mas diretamente para um carrinho de compras em que podem ser solicitados itens específicos de interesse de forma direta e rápida. O *link*, na rede social da marca, encaminha o consumidor direto para o canal de venda do produto. Estudos comprovam que quanto mais curto e mais rápido o processo entre a descoberta do interesse e a compra, maior a chance de realizar uma venda. Nesse modelo, seja a partir de um processo de busca ou de uma rede social, o comprador encontra um *link* que o leva diretamente ao serviço eletrônico, permitindo-lhe fazer o pedido e concluir a compra. Já existem no mercado soluções de *direct link management* (gerenciamento direto de compra), por meio do qual os vendedores interessados armazenam seus *links* no "*link* de compra", sendo esse ambiente responsável por todo o registo e disponibilização dos *links*, assumindo as funções de divulgação e suporte de um *shopping* virtual, por exemplo.

1.4.3 Atendimento do pedido

O último macroprocesso só efetiva a compra quando os produtos ou serviços adquiridos são entregues e aceitos pelo cliente, por meio dos subprocessos mais complexos de integração do carrinho de compras, gestão de estoques atuais e futuros, gestão de suprimentos, transporte, atendimento pós-venda ou suporte.

Observe que, em todos eles, o produto final do processo de compra é a alocação dos itens de consumo desejados no carrinho de compras, de modo que, a partir daí, o processo de atendimento ao pedido assume a sequência das operações até a conclusão da transação.

A colocação de itens pedidos no carrinho de compras e a confirmação dependem de múltiplas integrações com o processo de atendimento, incluindo estoque, disponibilidade futura, fornecimento, métodos de pagamento, análise de riscos e fraude e envio.

É possível dividir a cadeia de negócios em três macroprocessos (pré-compra, compra e atendimento do pedido), mas há muitas interações entre esses macroprocessos.

Exercício resolvido

O consumidor quer o melhor produto, mais conveniência e informações, e tudo isso no menor tempo possível. Ele quer consumir em todas as situações, onde quer que esteja. Para tanto, as lojas precisam estar preparadas para atender às expectativas desse cliente. Considerando esse cenário, qual é o macroprocesso de multicanal responsável pelo pós-venda?

a. Atendimento do pedido.
b. Pré-compra.
c. Compra.
d. Carrinho de compras.

Gabarito: a
Feedback **do exercício**: O último macroprocesso de **atendimento do pedido** só efetiva a compra quando os produtos ou os serviços adquiridos são entregues e aceitos pelo cliente por meio dos subprocessos mais complexos de integração do carrinho de compras; da gestão de estoques atuais e futuros; da gestão de suprimentos; do transporte; e do atendimento pós-venda ou suporte.

1.5 Backroom e frontroom

O *backroom*, de acordo com a tradução exata do termo, quer dizer "sala dos fundos", isto é, compreende as atividades que os clientes não veem, mas que são imprescindíveis para qualquer operação. Também é chamada de *backoffice* e abrange as atividades administrativas ou de apoio.

Conforme Cândido (2021), o *backroom* refere-se às atividades que acontecem dentro da empresa, ou seja, na retaguarda da operação. São atividades que os clientes não veem como são executadas e que, com a crescente utilização da tecnologia, passaram a ser realizadas de uma forma diferente. Integram o *backroom* as atividades de:

- recepção, análise e aprovação de pedidos;
- verificação de cadastro dos clientes;
- controle de armazenagem;

- preparação para envio de produtos;
- gestão de devolução e trocas.

Já o *frontroom* abrange as atividades que o cliente enxerga nas operações *omnichannel*, incluindo as lojas físicas, as virtuais, o televendas, entre outras. Também é chamado de *front office*.

Para Cândido (2021), o *front office* compreende as atividades que estão diretamente em contato com o cliente e são totalmente percebidas por ele, ou seja, é a linha de frente da operação. São atividades como:

- contato via *chat*, telefone ou *e-mail* para tratar dúvidas;
- análise das vendas não finalizadas no *site* e emprego de estratégias digitais para efetivação dessas transações pelo cliente;
- gestão das avaliações dos clientes no processo pós-venda;
- trabalho de pós-venda com a finalidade de fidelizar o cliente.

1.6 Estratégias multicanal

A comunicação digital, rápida e abrangente, é um dos elementos mais distintivos da geração atual. Além disso, como a empresa deve responder à forma como o público pensa e age, é necessário sempre se adaptar para para acompanhá-lo. Resumidamente, é necessário uma estratégia incluindo ações de marketing que utilizem diversos canais on e off-line para interagir direta ou indiretamente com os clientes. Muitas empresas já empregaram ferramentas de comunicação variadas, mas o diferencial dessa estratégia é a integração entre elas. Em vez de considerar o *marketing* sob a perspectiva de um único canal, ele é visto como uma série de ações, em uma estratégia multicanal.

Tais estratégias referem-se a uma combinação de canais de comunicação *on-line* e *off-line* para interagir com clientes ou consumidores potenciais. Os profissionais de *marketing* não devem mais distinguir entre *on-line* e *off-line*, mas sim se concentrar na função que cada canal precisa desempenhar.

Não se trata de realizar campanhas de *marketing* eficazes em todos os canais digitais ou canais tradicionais, mas de escolher a combinação de canais certa para as campanhas de *marketing* para, em seguida, desenvolver a execução criativa correta das ideias para cada tipo de canal a ser utilizado.

Visões separatistas sobre mídia digital e mídia tradicional podem causar problemas. Os consumidores podem alternar perfeitamente os comportamentos entre *on-line* e *off-line*.

O profissional responsável precisa entender seu público antes de iniciar uma campanha de *marketing* multicanal. Isso significa entender as plataformas utilizadas e como elas interagem com a marca.

Na prática, para desenvolver uma estratégia multicanal de sucesso, devem ser utilizadas as melhores práticas para estabelecer os elementos-chave da proposta, incluindo:

- definição de *personas* (quem está comprando?);
- ciclo de compras;
- gestão de preferências (o que estão comprando?);
- criação de conteúdo para os canais (de acordo com a linguagem do público-alvo);
- processo de gerenciamento individual para cada canal;
- análise de dados constante.

Não se esqueça de que a tecnologia é a base de uma estratégia de *marketing* multicanal integrada. Sem isso, não é possível avaliar o que está funcionando (ou não) e onde obter os clientes potenciais mais qualificados. Um conjunto completo e otimizado de tecnologias inclui automação de *marketing*, CRM, *business intelligence*, análises de dados e ferramentas de conteúdo.

1.6.1 Vantagens de uma estratégia multicanal

Compreender como os canais múltiplos funcionam pode melhorar o desempenho da organização, passo importante para aumentar as vendas e melhorar a reputação no mercado. Portanto, a existência não é suficiente. Os vários métodos de comunicação usados devem estar devidamente integrados, para que os benefícios esperados sejam alcançados.

Conheça algumas das principais vantagens que podem ser obtidas com o investimento nessa estratégia.

- **Presença da marca**: essa pode ser a vantagem mais óbvia. Tornar a marca visível em vários locais pode aumentar seu posicionamento, manter a empresa na mente dos consumidores por mais tempo e ajudar seus clientes a entrar em contato com ela mais rapidamente. No entanto, nesse caso, a ideia vai além de apenas existir em múltiplos canais: diferentes mídias devem trabalhar juntas. Por exemplo, uma loja de produtos tecnológicos pode solicitar a seus usuários um cadastro para recebimento de *e-mails* (*newsletter*), que também pode estabelecer uma comunicação aberta e rápida via redes sociais. O consumidor precisa ter acesso a diferentes conteúdos em cada canal, agindo de forma contínua de informação para gerar engajamento.
- **Credibilidade**: quanto mais a empresa se comunica, maiores são as chances de o público respeitá-la e reconhecê-la, visto que ela demonstrará uma maior aproximação com o cliente, podendo passar mais confiança nas informações disponibilizadas. Afinal, isso mostra claramente que a marca está considerando investimentos em comunicação com sua base. Por meio de uma estratégia multicanal, os clientes podem sentir-se atendidos antes e depois de concluir uma compra em todos os canais de sua escolha (por exemplo, via Facebook ou *e-mail*). Quanto mais diálogo e informação forem fornecidos, mais preparados estarão os clientes para adquirir novos produtos ou recompras. Uma boa técnica para usar essa estratégia é a notificação por SMS, como rastrear produtos recém-adquiridos e, ainda, enviar *e-mail marketing* com novas opções de venda cruzada. Em razão da diversidade dessa combinação é que tal formato de comunicação é tão ativo.
- **Taxa de conversão**: utilizar vários canais pode ter um impacto positivo em suas conversões, visto que as pessoas podem comprar em qualquer ambiente em que estejam, bem como em qualquer dispositivo que tenha conexão com a internet.
- **Perfil do consumidor**: outra grande vantagem de usar múltiplos canais é a quantidade de dados que podem ser obtidos por meio deles. Quanto mais informações sobre o público forem coletadas e analisadas, melhores serão as chances de sucesso para uma campanha futura.

Dessa forma, será possível delinear o perfil do consumidor e determinar quando os espectadores costumam abrir as comunicações em cada canal, além de reconhecer qual método de comunicação é preferido por ele. Ao permitir que os usuários interajam com cada mensagem, poderão ser enviadas campanhas de *marketing* mais eficazes.

- **Feedback**: a opinião dos clientes é muito importante para garantir a qualidade dos serviços ou produtos. Portanto, é necessário garantir que o maior número possível de pessoas responda às pesquisas e investigações.

Como visto anteriormente, uma estratégia como essa pode redirecionar os *leads* de vendas de um canal para outro, com vistas a maximizar o efeito de cada canal, ampliando o *feedback* de três formas:
- disponibilizando um canal aberto de comunicação;
- coletando dados por meio de formulários de satisfação de produto ou atendimento;
- ofertando meios alternativos de comunicação.

São ações simples e práticas que podem produzir grande valor, ajudando a empresa a se manter sempre focada na opinião de seu público-alvo.

- **Fidelização**: além da cooperação com a aquisição de clientes, essas práticas fornecem uma base sólida para cultivar clientes em potencial no mercado de reposição. Assim, é mais fácil garantir que os clientes que já conhecem o serviço ou produto voltem à empresa para realizar outros pedidos.

Mesmo após a realização da compra, o cliente ainda pode – e deve – ter alguma forma de comunicação aberta com a empresa, como páginas em redes sociais, números de telefone e *e-mails*, entre outros.

Por meio desses canais, novas opções de aquisição adequadas ao antigo cliente podem ser transmitidas, deixando um bom espaço para o estabelecimento desse relacionamento. Se a primeira experiência de compra for satisfatória, então já existe uma grande vantagem no processo de fidelização.

Você deve estar se perguntando: Como desenvolver essa estratégia? Já vimos os benefícios de uma estratégia multicanal, agora vamos entender como colocá-la em prática de maneira adequada. Sem um plano bem elaborado, mesmo a estratégia mais promissora não terá um grande papel.

Veja alguns passos para executar essa estratégia e obter o máximo de vantagens possíveis:

- estude seu público;
- integre os diferentes canais;
- tenha uma identidade visual consistente;
- produza conteúdo relevante;
- mantenha a qualidade dos produtos ou serviços.

1.6.2 Canais mais utilizados

Existe um ponto importante a enfatizar: independentemente do tipo de ação de *marketing* e de seu público-alvo, seja pela cobertura ou pelo funcionamento, determinados canais são considerados essenciais.

Os principais meios que devem ser incluídos em quase todas as estratégias são:

- **E-mail marketing**: algumas empresas ainda têm medo de trabalhar com o *e-mail marketing*, por acreditarem que é um canal de pouco impacto e baixo retorno do investimento. Contudo, a verdade é que, se funcionar corretamente, esse canal pode alcançar resultados tão eficientes quanto os de outras mídias. Uma boa orientação é processar seu modelo de *e-mail*, que deve ser limpo e responsivo. Além de prestar atenção na correta segmentação do público, evite enviar campanhas com produtos dos quais os usuários não gostam. Tenha cuidado com a frequência, pois ninguém gosta de ver suas caixas de entrada repletas de conteúdos da mesma empresa.
- **Redes sociais**: trata-se de um tipo de mídia social que conecta pessoas com interesses em comum, sendo um meio de fortalecimento dessas relações e, por isso, um ótimo ambiente para o *marketing* buscar um relacionamento mais próximo com o consumidor.

- **SMS e *Push***: o mundo é "mobile", portanto, é necessário preparar *sites* e comunicações para estratégias de *marketing* adequadas aos vários dispositivos. A participação desses canais é ainda maior do que outras mídias, como o *e-mail marketing*. Além disso, vale lembrar que uma estratégia multicanal não se trata de desencadear múltiplas divulgações em paralelo, mas de um conjunto de ações que constituem um objetivo comum. Compreender esse princípio é a base para uma campanha de sucesso.

1.7 Tendências

Pela possibilidade de integração em toda a cadeia de negócios do varejo digital, podemos perceber algumas tendências importantes, entre elas está o fato de que os grandes varejistas poderão eliminar operadores varejistas menores ou utilizá-los, com o objetivo de integrar várias soluções para toda a cadeia de comércio eletrônico, bem como utilizar varejos menores como pontos de retirada, troca ou devolução de grandes varejistas.

As novas tecnologias também permitirão construir e ajustar sistemas com mais rapidez para *e-commerce*, o que possibilitará modelos novos, mais ágeis e flexíveis. Espera-se que mais inteligência seja incorporada ao sistema de informação, especialmente na gestão de catálogos e na personalização de operações multicanal, bem como a todo o processo de *back-office* (atendimento ao cliente, logística de recebimento e entrega, formas pagamento, entre outros).

Exemplificando

Nesse contexto, é relevante questionar-se a respeito de possíveis resultados alcançados com um canal de venda. As perguntas que devem ser respondidas são:

- Qual a abrangência desse mercado de consumo?
- Quanto esse canal vai me custar?
- Quanto esse canal proporcionará de retorno?

> Apesar de não haver respostas corretas, o empreendedor ou empresário precisa compreender que os resultados das ações multicanais são muito mais expressivos do que as outras estratégias de venda. Tal fator deve ser considerado.

Grandes marcas, como a Nestlé, são distribuídas por intermediários tradicionais e desejam envolver-se no comércio *on-line* para aproximarem-se dos clientes e obter valor, e os fabricantes de produtos de margem baixa sentem a mesma tentação.

A necessidade de terceirização é outro grande problema. Para administrar o aumento do número de competências necessárias para operar no *e-commerce* multicanal, principalmente considerando sua volatilidade, a terceirização será, ainda mais, uma solução que as organizações poderão empregar conforme demanda e contexto.

As empresas precisarão determinar quais recursos são realmente importantes e devem ser fornecidos internamente e quais podem ser terceirizados para empresas especializadas.

Os modelos existentes buscam constantemente expandir seu escopo de atuação. A experiência tem mostrado que, se a complexidade computacional implícita no processo não for levada em consideração, essa estratégia pode ser muito perigosa e até prejudicar as atividades mais lucrativas.

Essas informações podem ser usadas para que você comece a desenvolver operações multicanais em sua área de atuação, seja ela de produtos ou de serviços. Não perca a oportunidade de aprender, na prática, as vantagens estratégicas dessa concepção e veja os crescentes resultados que ela pode proporcionar em seu relacionamento com os clientes.

Estudo de caso

Texto introdutório

O presente caso aborda o caminho para se chegar a um diagnóstico que possibilite elaborar alguma proposta de intervenção abarcando todos os componentes envolvidos, que são, neste caso específico, o cliente e a loja.

A situação deve ser analisada no contexto mais amplo. O desafio é propor intervenções estratégicas práticas com base em modelos de negócios estudados no Capítulo 1.

Texto do caso

As redes sociais têm um poder enorme na divulgação "boca a boca", e hoje o consumidor confia muito mais no que um amigo fala sobre determinado produto ou alguma empresa do que aquilo que o vendedor ou o fabricante afirmam.

De acordo com Mansano (2012):

> ações como ter uma Fan Page e uma Facebook Store ajudam a atingir uma grande fatia de e-consumidores, além de manter um relacionamento mais próximo de seu público. Os resultados podem ser mensurados através de vendas diretas ou indiretas, onde nasce a oportunidade na rede social e efetiva-se em outro canal, como algum ponto de venda.

A loja de flores Jardim Encantado, localizada em um bairro residencial da cidade de São Paulo, dispõe de um lindo espaço físico, mas pretende expandir o número de vendas e alcançar novos mercados incluindo a modalidade de venda *delivery*.

Diante disso, reflita sobre o primeiro passo para que uma loja crie um novo canal de atendimento e seu processo de desenvolvimento com base nos modelos de negócios estudados. Descubra e defina qual deles pode ser o mais adequado em tal situação e trace objetivos de interação de acordo com as possíveis necessidades do mercado de flores.

Resolução

O primeiro passo é definir a estratégia e o número de canais viáveis de venda para essa loja. Considerando que o consumo de flores pode oferecer produtos ao mercado de eventos, datas comemorativas ou fúnebres, é importante escolher canais que conversem com todos esses possíveis clientes. No caso apresentado, pode-se desenvolver qualquer um dos modelos de negócios *on-line*, porém sugerimos o estabelecimento do *mobile commerce* e do *social commerce*, com vistas a criar um aplicativo de pedidos *delivery* de flores e uma página nas principais redes sociais que encaminhem o cliente ao carrinho de compras, ao pagamento e ao fornecimento de endereço para entrega programada. Além de ofertar catálogo de produtos, promoções e ofertas em datas especiais. Dessa forma, a floricultura Jardim Encantado deixa de atender apenas o bairro onde está situada e começa a atuar em toda a cidade de São Paulo, proporcionando os três macroprocessos: pré-compra, compra e atendimento do pedido.

Dica 1

No vídeo a seguir, o gestor de *marketing* Wesley Alves descreve as oportunidades e os obstáculos de como criar a verdadeira experiência multicanal para o comércio varejista, bem como os riscos de perda de clientes para empresas que não seguem esta estratégia.

GAZIN Atacado. **Dicas práticas para ser multicanal no varejo**. 2016. Disponível em: <https://www.youtube.com/watch?v=SgS9CZZ88gI>. Acesso em: 10 nov. 2021.

Dica 2

O vídeo a seguir aborda de que maneira o *social commerce* pode agregar à sua loja fazendo uso das principais redes sociais, como Instagram, Facebook, YouTube, entre outras, canais em que o consumidor passa grande parte de seu tempo e uma fonte onde é possível coletar dados importantes sobre tendências e demandas de consumo.

MEIO&MENSAGEM. **O que o social commerce pode fazer por sua marca**. 2017. Disponível em: <https://www.youtube.com/watch?v=Db8hX3YOfJA>. Acesso em: 10 nov. 2021.

Síntese

Neste capítulo, você estudou:
- a importância de utilizar operações multicanais;
- alguns dos processos multicanais;
- o conceito de estratégias multicanais;

- a aplicabilidade do varejo multicanal;
- a diferença entre as estratégicas multicanais;
- os três macroprocessos e seus subprocessos no desenvolvimento de um *e-commerce*.

Omnichannel

Conteúdos do capítulo:

1. Conceito de *omnichannel*.
2. Vantagens da estratégia *omnichannel*.
3. Como aplicar o *omnichannel* em uma empresa.
4. Ação estratégica para *omnichannel*.
5. Avaliação das operações.
6. Métodos de venda *omnichannel*.

Após o estudo deste capítulo, você será capaz de:

- entender o conceito de *omnichannel*;
- compreender os termos *multichannel* e *crosschannel*;
- delinear as principais vantagens estratégicas do *omnichannel*;
- conhecer todos os passos para a aplicação do *omnichannel* em uma empresa;
- caracterizar o varejo *omnichannel*;
- diferenciar os métodos de venda.

O processo acelerado da globalização reforça a necessidade e o destaque que as empresas já têm e terão no futuro, de modo que a forma de se comunicar pode sofrer alterações. No entanto, a relação entre o consumidor e o produto ou serviço segue o mesmo caminho, que precisa ser sempre aperfeiçoado, considerando que o consumidor é quem decide aceitá-lo ou não.

capítulo 2

O *omnichannel* é uma estratégia que utiliza diferentes canais de comunicação integrados, com o objetivo de estreitar a relação *on-line* e *off-line*, melhorando, assim, a experiência do cliente e a visibilidade da marca. Essa tendência do varejo permite a fusão do remoto com o físico.

O rompimento dessa barreira avança a cada dia, e os clientes estão acompanhando essa realidade, com vistas a procurar os benefícios de cada uma delas.

O fato de que a inserção da tecnologia modificou a vida das pessoas não é novidade para ninguém. Essas mudanças também alcançaram a relação entre as empresas e seus consumidores.

Atualmente, com apenas um clique, é possível estabelecer comunicação com qualquer pessoa de qualquer parte do mundo, realizar buscas sobre qualquer tipo de conteúdo, ensinar, aprender e, principalmente, comprar a distância. Até em um *smartphone* é possível ver o catálogo de uma loja, preços, tirar dúvidas e efetivar a compra de produtos para receber em casa.

Neste capítulo, você aprenderá o conceito de *omnichannel* e entenderá os motivos pelos quais esse termo é tão amplamente conhecido e utilizado nos dias atuais.

Essa estratégia pode ser considerada tanto como uma inovação quanto como uma resposta às necessidades do cliente, com vistas a fornecer uma experiência de compra melhor e mais completa, ao mesmo tempo que reduz as barreiras entre *on-line* e *off-line*.

Começaremos falando sobre o termo para que você entenda seu significado. Nesse tópico, também diferenciaremos os termos similares *multichannel* e *crosschannel*.

Em seguida, descreveremos as principais vantagens do desenvolvimento da estratégia *omnichannel* em uma organização, integrando todos os seus canais de comunicação e de venda para proporcionar a melhor experiência possível a seus consumidores.

Também analisaremos as características do varejo *omnichannel*, levando em consideração os fatores motivacionais e os desafios que devem ser superados. Abordaremos, ainda, os principais métodos de venda *omnichannel* que estão relacionados ao *showrooming* e ao *webrooming*.

Concluiremos o capítulo apresentando alguns casos práticos de sucesso de aplicação das estratégias de *omnichannel* em grandes marcas nacionais e internacionais.

2.1 Conceito de *omnichannel*

A estratégia *omnichannel* baseia-se na integração e na utilização de diferentes canais de comunicação, ilustrados na Figura 2.1, com o objetivo de estreitar a relação entre *on-line* e *off-line*, melhorando a experiência do cliente.

Figura 2.1 – Conceito de *omnichannel*

```
         Site
 Jogos         Rede social
      Cliente
 Token        WhatsApp
 digital
         E-mail
```

Fonte: Elaborada com base em Wirecard, 2020.

Contudo, *omnichannel* é muito mais do que apenas disponibilizar vários canais de compra e atendimento ao cliente. Essa prática tem a intenção de fazer com que esses canais funcionem nas mesmas condições.

Etimologicamente, o termo é composto pelo prefixo *omni*, que, em latim, significa "tudo" ou "inteiro"; já a palavra *channel* provém da língua inglesa e significa "canal". Dessa forma, o sentido mais próximo do termo *omnichannel* seria "todos os canais".

No entanto, isso não é o suficiente para entendermos a função e o escopo desse conceito, pois, quando nos limitamos apenas à semântica, podemos confundir *omnichannel* com *multichannel*, que é outro conceito bastante utilizado.

Gerenciar uma marca é um dos desafios fundamentais da gestão organizacional, em razão do crescente acesso à informação e da propagação dos recursos tecnológicos. Tudo isso vai depender dos subsídios diferenciadores, como percepção estratégica.

A **estratégia** depende do posicionamento da organização, assim como o caminho escolhido (e ainda não explorado) para atuar de modo criativo e eficiente para o mercado.

Todas essas abordagens estão relacionadas à experiência do usuário dos canais disponibilizados pela marca. Portanto, eles podem transmitir sentimentos falsos com a confusão de seus significados.

Para evitar que isso aconteça, apresentaremos, a seguir, a definição de cada um desses termos:

- *Multichannel*: nesse termo, o prefixo *multi* refere-se a "muitos". Um exemplo dessa estratégia é quando uma loja que oferece vários canais que viabilizam as compras, como redes sociais (Facebook ou Instagram), *sites*, aplicativos e lojas físicas. No entanto, eles não estão integrados. Os vendedores que atuam em lojas físicas desconhecem as transações realizadas via aplicativo ou *site*, e vice-versa. Como exemplo, citamos o *site* de compras das Loja Americanas (americanas.com), que disponibiliza muitos produtos que não estão disponíveis nas lojas físicas da rede. Portanto, a estratégia *multichannel* produz uma competição entre os canais de compras de uma mesma empresa.
- *Crosschannel*: o prefixo *cross*, da língua inglesa, pode ser traduzido para o português como "cruzar" ou "cruzamento". Nessa estratégia, os canais de uma mesma marca podem ser cruzados de diversas maneiras, como, por exemplo, a compra pode ser iniciada nas redes sociais e finalizadas no *site*, e o produto pode ser retirado na loja física.

Essa estratégia é muito utilizada por lojas que buscam um diferencial em sua experiência com o cliente, proporcionando uma entrega expressa de produtos comprados pela internet. Na Figura 2.2, vemos uma forma de emprego dessa estratégia.

Figura 2.2 – Aplicação da estratégia *crosschannel*

Frete: grátis
Retire na loja.

Frete: R$ 23,00
Compre hoje e receba amanhã.

Fonte: Elaborada com base em Wirecard, 2020.

Essa estratégia impulsiona o ato de consumir pela internet, oferecendo a comodidade de não precisar esperar por alguns dias pela entrega.

A principal diferença de aplicabilidade entre o *omnichannel* e as demais estratégias é que nesta todos os canais da empresa estão integrados, de modo que, até dentro da própria loja física, é possível utilizar o *site* da marca para consultar informações específicas sobre o produto desejado, e, ainda, efetivar a compra de maneira interligada com os próprios vendedores presentes no espaço físico, precisando apenas de internet para isso.

Uma empresa que adota muito essa estratégia é o Magazine Luiza. Quando o cliente chega à loja e não encontra o produto para entrega imediata ou por qualquer outro motivo, o vendedor consulta, na presença do cliente, o *site* da empresa, podendo até mesmo fechar a compra e mandar entregar no endereço informado, tudo isso na própria loja.

Informações sobre finanças, estoque e clientes também são integradas, visando facilitar o gerenciamento interno de todos os canais disponíveis e melhorar – ainda mais – a experiência do consumidor. Assim, independentemente de onde foi realizada a compra, o cliente pode obter suporte para seu produto ou serviço, adquirido em qualquer um dos canais da empresa.

2.2 Vantagens da estratégia *omnichannel*

A estratégia de converter o consumo em experiências únicas e cada vez mais práticas é um desafio que várias empresas procuram ultrapassar. Isso porque os consumidores são mais exigentes e desejam mais comodidade.

A possibilidade de oferecer canais *on-line* para consumo e relacionamento com o cliente não é mais uma novidade, mas sim uma exigência mínima para empresas que desejam sobreviver ao mercado competitivo.

Essa estratégia possibilita aos usuários uma experiência de compra nova e mais completa, ofertando canais físicos e virtuais que se integram para disponibilizar atendimento e políticas similares ao consumidor, independentemente da plataforma de venda. Essa é a razão pela qual o termo é atualmente muito utilizado no mundo corporativo e de *marketing*.

Com essa condição, a integração entre os canais proporciona maior liberdade ao cliente, que decide quando e onde achar mais conveniente realizar uma compra, sendo o processo de escolha otimizado em até 77% com uma experiência *omnichannel* unificada e adequada (Wirecard, 2020).

Apesar de algumas marcas já terem adotado essa estratégia, o *omnichannel* ainda é um conceito relativamente novo e pode ser uma forma de diferenciar seu negócio da concorrência.

Para saber mais

A competição de empresas dentro de um segmento específico sempre vai existir. Isso se chama concorrência. Sendo assim, inove, seja diferente!

Para diferenciar uma marca da outra, é necessário chamar a atenção do consumidor diariamente, de diversas formas, induzindo suas escolhas de consumo por meio das facilidades proporcionadas pelo produto ou serviço.

Para entender um pouco melhor esse assunto, assista, a um vídeo sobre estratégias de diferenciação:

ESTRATÉGIAS de diferenciação: estratégia e vantagem competitiva de Michael Porter. 2016. Disponível em: <https://www.youtube.com/watch?v=nxc7CGHGSdQ>. Acesso em: 10 nov. 2021.

Investir em uma experiência melhor para os consumidores pode trazer muitos benefícios, afinal, todo esse trabalho visa deixá-los mais satisfeitos. Nesse sentido, ao corresponder às necessidades do mercado, uma empresa amplia as chances de melhorar a imagem da marca, a fidelização do cliente, seus processos, suas vendas e os serviços disponibilizados. Esses componentes são fundamentais para o estabelecimento de um processo criativo e responsável, o que independe do tamanho da organização ou do tipo de produto oferecido ou serviço que será prestado.

Por meio dessa estratégia, todos os canais de contato com os clientes podem ser desenvolvidos com o objetivo de otimizar cada um desses processos. Pensando dessa forma, aplicar o *omnichannel* pode proporcionar ganhos imensuráveis a uma organização comercial.

Assumir uma visão audaciosa exige coragem, considerando que grandes empresas que desenvolvem grandes ideias e grandes produtos são mantidas por especialistas, que têm a capacidade de prospectar o que os outros ainda não enxergam. A visão de uma organização precisa defender o futuro para se manter atualizada.

Essa estratégia vai agregar valor à marca, aproveitando todas as oportunidades para desenvolver consciência de mercado, aumentando o reconhecimento da empresa e comunicando a qualidade do produto ou serviço.

Seu valor também poderá expressar as diferenças competitivas de uma marca dentro de um mesmo segmento, demonstrando ao consumidor final sua exclusividade.

2.3 Processos empresariais de *omnichannel*

A jornada de compras é o percurso que o cliente atravessa antes de efetuar uma compra. No *omnichannel*, essa jornada pode ser realizada de inúmeras formas, visto que o cliente pode escolher os canais nos quais quer comprar e onde receber o produto. Assim, o cliente pode estar dentro da loja física, pesquisar preços e produtos no aplicativo da própria loja em que está a efetuar a compra em qualquer um desses canais, seja físico, seja *on-line*, e optar pela forma de entrega, que também poderá ser na loja física ou em um endereço residencial, por exemplo.

Para que as interações oferecidas pelo *omnichannel* sejam efetivas, é preciso realizar padronizações e implantá-las em todos os canais de contato que o consumidor decida usar, como loja *on-line*, rede social ou loja física. Assim, o atendente ou vendedor vai reconhecê-lo desde o início e realizar todos os processos necessários com a ajuda de informações já coletadas na primeira interação, conforme explana Lima (2020b).

Para isso, devem existir sistemas integrados que sejam capazes de gerenciar todos os canais, fazendo com que o cliente tenha uma experiência de compra assistida enquanto a empresa transforma esses dados de consumo em informações, que, por sua vez, possibilitarão importantes percepções para o negócio. Sua finalidade é elevar o engajamento do consumidor com a marca, com sugestões personalizadas, criando um tipo de fãs para ela. Assim, o cliente passa a perceber que sua experiência com a marca faz parte de um todo, e não é preciso privilegiar um ou outro canal para ter um melhor atendimento (Lima, 2020b).

Alves e Baravelli (2019) afirmam que o atendimento *omnichannel* apresenta uma utilização de tecnologia não apenas para atender o cliente, mas especialmente para entender esse consumidor, propondo um atendimento eficiente, personalizado e, ao mesmo tempo, o mais automatizado possível, com vistas a não comprometer a agilidade que o cliente busca.

Dessa forma, o atendimento, para ser personalizado, precisa de pessoas capacitadas. Por isso, para as empresas entrarem no mundo *omnichannel*, elas precisam ter colaboradores que saibam agir diante das possíveis situações que possam vir a ocorrer. Os colaboradores, primeiramente, devem compreender bem essa forma de contato com os clientes e saber como usar as ferramentas que estiverem disponíveis para conseguir auxiliá-los e prestar um atendimento de qualidade.

Tratar o cliente da mesma forma em todos os pontos de interação fará com que seu envolvimento e relacionamento com a marca seja reforçado, fazendo com que ele seja um possível influenciador em seus canais pessoais, sendo este também um dos pilares do *omnichannel*, confome demonstram Alves e Baravelli (2019).

Os serviços de atendimento ao cliente devem ter condições de resolver todos os problemas dos consumidores, independentemente da origem ou da necessidade, e o *marketing* deve disponibilizar estratégias alinhadas para todos os canais, sempre proporcionando ao cliente um livre acesso, entende Lima (2020b).

Algumas situações devem ser evitadas, por exemplo, demonstrar que comprar e receber na loja física será melhor por algum motivo ou evitar auxiliar na compra por outro canal. Enfim, os colaboradores devem saber o que é o *omnichannel* e trabalhar para que ele seja executado como deve, fazendo com que o cliente viva uma experiência satisfatória. Isso requer um treinamento adequado. Observe o exposto na imagem a seguir.

Figura 2.3 – Aplicação de *omnichannel* pelas organizações

Observe a lógica do *omnichannel,* na qual há a integração de todos os pontos de contato entre a empresa e seu cliente. É muito importante ressaltar que essa integração é contemplada por um único centro de informações (plataforma/ERP). Assim, assegura-se uma única forma de conduta e uma experiência de compra uniforme (constante). Tal experiência deve ser percebida como uma só pelo cliente, ou seja, ao se apresentar adequadamente integrada e coesa, a estratégia não permite que o cliente observe variações entre *on-line* e *off-line*. Percebe-se só uma empresa, em todas as formas de relacionamento.

Cândido (2021) afirma que, se, por um lado, o digital abriu um canal importantíssimo para o negócio, por outro, demandou uma nova forma de administrar o canal, com novos custos e com a necessidade de treinamento da equipe em diferentes atividades, antes realizadas por intermediários.

Também trouxe a necessidade de lidar com a tecnologia não apenas no *e-commerce*, mas em elementos que cada dia mais fazem parte da experiência de compra dos consumidores nas lojas, como telas e espelhos interativos, prateleiras inteligentes, câmeras e sensores. O desafio é equalizar os diferentes formatos de vendas que surgiram, buscando oferecer a mesma qualidade de atendimento em todos os canais e integrando a comunicação entre eles (Cândido, 2021).

2.4 Como aplicar o *omnichannel* em uma empresa

Agora que você conhece melhor a estratégia *omnichannel* e suas vantagens, vamos aprender como aplicá-la em uma empresa.

Uma implementação de sucesso dependerá de os canais da empresa conversarem entre si, a fim de oferecer uma boa experiência ao cliente, a despeito da plataforma escolhida.

Como dito anteriormente, o objetivo dessa estratégia é aumentar o grau de satisfação do cliente. Para enfrentar esse desafio, a primeira etapa é entender sua função nos negócios e delinear o perfil de seu consumidor.

2.4.1 Perfil de consumo

Para compreender quem é seu consumidor, utilize todos os dados disponíveis, como:

- avaliação estatística gerada pelos canais de venda e comunicação;
- análise dos grupos que reúnem seus clientes ou seu nicho de mercado;
- avaliação da concorrência;
- contato com o cliente.

Perguntas & respostas

Como delinear o perfil do consumidor?

Essa etapa pode utilizar a técnica de criação da *persona*, que consiste em uma representação fictícia do perfil do consumidor, desenvolvida por meio de dados obtidos com pesquisa realizada junto ao público-alvo. Ressaltamos que uma única marca pode desenvolver várias *personas*, já que nem sempre vende para apenas um perfil de consumidor. Com o estabelecimento do nome, da idade, das preferências pessoais, das crenças, dos valores e dos hábitos de consumo, fica mais fácil compreender o perfil e o comportamento dos clientes e, com isso, criar uma marca mais assertiva, fazendo com que o consumidor se identifique com ela.

> Para maiores informações a esse respeito, acesse o artigo a seguir:
>
> SPADIN, A. C. R.; QUINCOSES, C. **A criação de personas da marca como estratégia de relacionamento com os consumidores nas redes sociais digitais**. In: CONGRESSO INTERNACIONAL COMUNICAÇÃO E CONSUMO, 2015, São Paulo. São Paulo: PPGCOM ESPM, 2015. Disponível em: <http://anais-comunicon2015.espm.br/GTs/GT4/1_GT4-SPADIN_QUINCOSES.pdf>. Acesso em: 10 nov. 2021.

Com a *persona* criada, a empresa poderá obter muitas informações relacionadas aos hábitos de compra. Esse conhecimento permitirá que a empresa compreenda melhor as necessidades de consumo dos clientes, oferecendo, em seus produtos ou serviços, algo realmente apropriado.

Portanto, essa estratégia ajuda a garantir a qualidade do produto ou serviço, de modo que o que é ofertado se encaixe mais apropriadamente às necessidades de consumo do cliente. Isso ocorre quando uma marca parece familiar, de experiência positiva, transmite confiança, fideliza e agrega valor ao consumidor.

Para saber mais

Para aprofundar o conhecimento sobre *personas*, assista ao vídeo indicado a seguir. Nesse vídeo, são demonstradas, de forma ilustrativa, as principais características de uma *persona*.

VIVER de blog. **Persona**: o que é e como definir a sua? 2017. Disponível em: <https://www.youtube.com/watch?v=ylpAPNyFUPM>. Acesso em: 10 nov. 2021.

Com o entendimento das necessidades e preferências do cliente, a coerência se perpetua por meio de uma única voz, com um posicionamento claro e sólido. Assim, todos os contatos com a marca se tornam experiências satisfatórias, ajudando o cliente na escolha do produto.

Uma marca que transmite segurança também pode conquistar a durabilidade de seu produto ou serviço no mercado. Para isso, é necessário comprometer-se com a ideia principal durante um longo período de tempo, considerando também a capacidade de mudanças.

2.4.2 Canais de venda e comunicação

A globalização e os canais de acesso às informações obrigam as marcas a construir um sistema flexível, com o objetivo de aproveitar as novas oportunidades que surgem diariamente no mercado.

O profissional responsável pela marca precisa posicionar a organização para possíveis mudanças e crescimento contínuo, garantindo que a marca sempre conquiste um reconhecimento imediato.

Existem diversos canais disponíveis para esse fim, e escolher o mais adequado para a empresa depende de seu perfil de consumo, assim como de sua capacidade de gerenciá-los.

Estudos apontam que as empresas nunca tiveram uma oportunidade melhor de se aproximar dos consumidores como na atualidade da era digital. A tendência é que o desejo dos clientes por atenção e fidelidade deve moldar o cenário de organizações, marcas, produtos, serviços e experiências do consumidor (Panetta, 2016).

A possibilidade de utilizar dados para entender o que os consumidores estão necessitando e satisfazer tais necessidades nunca foi tão prevalente. Os recursos tecnológicos agora permitem que as empresas consolidem seus bancos de dados em uma visão unificada do consumidor, viabilizando uma ação mais eficiente e ágil.

Exemplificando

Se sua marca tem um aplicativo próprio para *smartphone*, mas seus clientes não costumam utilizá-lo, talvez seja recomendável adotar outro canal, como vendas e comunicação via WhatsApp ou Instagram.

O importante é determinar qual canal trará o retorno mais positivo e, ainda, quais novos canais podem ser utilizados pela empresa. Para isso, citamos, a seguir, algumas opções estratégicas do *omnichannel*.

- **Redes sociais**: são ótimos canais de atendimento, que contam com facilidades específicas para vendas. Os principais exemplos populares são: Instagram, Facebook, Twitter e YouTube.
- **WhatsApp**: a popularidade e a simplicidade do aplicativo de mensagens fazem dele uma ótima ferramenta para *omnichannel*, já que proporciona facilidade e agilidade na comunicação e grande visibilidade para a marca. Atualmente, vemos muitas atualizações do programa em prol do impulsionamento de vendas, como a criação do WhatsApp Business, que permite que os clientes façam pedidos e realizem pagamentos direto pelo aplicativo.
- **Aplicativo próprio**: o uso desse canal se beneficia do fato de o país ter mais de um celular por habitante, tornando esta uma grande ferramenta de consumo prático, independentemente da hora e do lugar. Investir nessa ferramenta pode ser um diferencial para proporcionar uma experiência ainda mais cômoda ao consumidor.
- **Loja física**: apesar do grande consumo de maneira remota, ainda existem muitos clientes que preferem comprar em lojas físicas. O maior benefício é o fato de poder experimentar o produto na hora da compra, além de recebê-lo imediatamente.
- *E-commerce*: a cada ano, as perspectivas sobre a utilização desse canal só aumentam. O cliente está cada vez mais confiante na compra remota por meio de lojas virtuais, e muitas empresas estão se ajustando a essa realidade mundial.

Além disso, a unificação de dados de *marketing* e plataformas de vendas dará origem a um novo modelo operacional de forma mais alinhada, auxiliando a sincronia do planejamento estratégico com o engajamento de clientes.

Panetta (2016) destaca que esse sistema fornece uma compreensão otimizada dos diferentes tipos de clientes que existem e como eles podem ser alcançados pelos diferentes canais (*on-line* e *off-line*) e proporcionar distintas experiências.

A seguir, passaremos à próxima etapa: integrar os canais da organização. Após a definição dos canais, é necessário personalizá-los com base nas informações obtidas durante o processo de construção do perfil do consumidor.

2.4.3 Integração dos canais

Neste momento, já é possível ver organizações que iniciaram precocemente o processo de transformação digital, avançando para a próxima etapa da maturidade digital, que é a integração multicanal da experiência do consumidor.

Nos últimos anos, essas empresas digitais começaram a colocar pessoas, processos e tecnologias a serviço do consumidor. Por meio da disponibilidade e do gerenciamento de dados inteligentes, preditivos, sobre o comportamento dos consumidores. Esses fatores vêm modificando o núcleo de experiências criadas ao longo da história do varejo, das vendas e do atendimento ao cliente.

Essa integração significa alinhar o ambiente *on-line* com o ambiente *off-line*, para que não haja *gaps* entre os usuários e as áreas de vendas, *marketing* e suporte da organização. Somente dessa forma é que se pode fornecer uma verdadeira experiência *omnichannel*.

Exemplificando

A empresa O Boticário investe em uma experiência *omnichannel* com promoções que distribuem amostras de produto gratuitamente. Assim, o cliente contemplado, depois de realizar o cadastro no sistema da empresa, deve ir até uma loja física retirar o produto.

> Ao fazer isso, a empresa possibilita uma experiência concreta ao cliente, que se originou em um canal virtual, viabilizando que o consumidor veja e experimente novos produtos nas lojas físicas da marca, o que gera oportunidade de novas vendas. Essas ações são um excelente exemplo de integração entre espaços físico e virtual, voltados para uma melhor experiência de compra do cliente (Caminos et al., 2019).

Outra tendência esperada é que a criação de conteúdo seja desenvolvida em conjunto com plataformas de inteligência artificial, de modo a impulsionar o desenvolvimento de linguagem natural, aumentando a qualidade e prevendo a eficácia do conteúdo, que poderá ser segmentado de acordo com o perfil específico de consumidores.

Nesse contexto, nasce o conceito de *design* experimental, que consiste em pesquisa, teste e enfoque de otimização utilizados para organizar dados e fazer testes estatísticos, que identifiquem as relações de causa e efeito entre *inputs* e resultados. É uma ferramenta que vai permitir a previsão do desempenho do conteúdo produzido.

Contudo, para essa integração ser completa, é necessário alinhar as políticas comerciais da empresa, garantindo a igualdade de consumo e suporte em todos os canais.

É importante ressaltar, ainda, que algumas empresas adotam preços mais baratos no mesmo produto na loja virtual do que na loja física, porém essa estratégia vai contra a aplicabilidade do *omnichannel*.

Outra ferramenta que auxilia as operações *omnichannel* é o *enterprise resource planning* (ERP). Trata-se de "*softwares* ou sistemas de gerenciamento dos recursos organizacionais que planejam e integram, eficazmente, todos os sistemas operacionais da empresa" (Almeida; Schluter, 2012, p. 160). Para Izidoro (2016), os sistemas ERP foram elaborados para apresentar uma visão integrada das informações e de todas as atividades entre as empresas, tendo como propósito organizar, padronizar e integrar as informações transacionais que passam pelas empresas e contribuir para o acesso à informação em uma base de dados central em tempo real.

Dessa forma, o ERP integra todos os dados organizacionais, de todas as áreas, fazendo com que estejam disponíveis a todo o tempo, proporcionando agilidade e precisão ao fluxo das informações das atividades do negócio.

Exercício resolvido

O conceito de *omnichannel* representa o maior nível de integração entre os ambientes de contato físicos e *on-line*. Quando se avaliam os estoques dentro do cenário *omnichannel*, não há como não aludir à descentralização, uma vez que operações integradas implicam disponibilizar os produtos ao cliente em vários pontos e seguir um fluxo de entrega, muitas vezes diferente dos processos convencionais.

Manter e gerenciar pontos de entrega físicos exige operações não apenas de recebimento e entrega de produtos nesses pontos, mas também operações de trocas e devoluções, assim como de coleta de pedidos para posterior entrega ou retirada em outro ponto. Para que tudo isso tenha eficácia, são necessárias ações por parte da organização, entre as quais, o uso de tecnologias de informação e o treinamento de equipes. Sabendo disso e após analisar os prós e contras de sistemas ERP, uma rede de varejo têxtil decidiu investir em um sistema de gestão empresarial ERP em nuvem. No que se refere às vantagens e desvantagens do uso de sistemas ERP em nuvem em operações *omnichannel*, é possível afirmar que:

I. Sistemas de gestão ERP em nuvem têm mais funcionalidades que os tradicionais, além de disponibilizar acesso a qualquer hora, a partir de qualquer lugar, independentemente de serem lojas físicas ou virtuais.

II. Sistemas de gestão empresarial ERP no sistema de nuvem são ideais para operações *omnichannel*, já que permitem a visualização dos níveis de estoque dos produtos em lojas físicas e em outros pontos, além de registrar as entradas e as saídas de itens no estoque local.

III. Os sistemas ERP tornaram-se a base para as operações das organizações. Gerir uma empresa com base em um *software* dessa natureza é garantia de organização de processos, de acuracidade de dados, de amplitude de visão, de capacidade de análise e de assertividade na tomada de decisões.

IV. No caso de empresas que atuam com operações *omnichannel*, recomenda-se o uso de sistemas ERP tradicionais, pois estes oferecem maior nível de padronização e aperfeiçoamento da experiência do usuário e permitem a realização de ações de *marketing* que englobam todos os canais de vendas.

É correto o que se afirma em:

a. I e II, apenas.
b. I, II e III, apenas.
c. III e IV, apenas.
d. I, II, III e IV.

Gabarito: b

Feedback do exercício: Nas operações *omnichannel* os sistemas de informação precisam ser acessados em todos os pontos físicos, pois eles darão aos colaboradores desses locais os dados sobre o cliente, os produtos e os pedidos dos clientes. Também devem permitir a visualização dos níveis de estoque dos produtos no local e em outros pontos, além de registrar as entradas e saídas de itens no estoque local. Para isso, o ideal é que a empresa use sistemas de gestão empresarial ERP no sistema de nuvem.

Essa igualdade precisa ser efetiva em todos os setores da empresa, tanto para venda quanto para logística de entrega, troca e suporte ao cliente, já que a manutenção da paridade é essencial para todos os canais.

Contudo, é importante ressaltar que esse assunto não diz respeito a uma possível disputa entre os homens e as máquinas, até porque não se pretende substituir um pelo outro, mas sim que a máquina auxilie na eficiência das operações multicanais.

2.5 Ação estratégica para *omnichannel*

Você pode utilizar as informações provenientes do atendimento ao cliente de cada um dos canais para direcionar novas ações estratégicas de *marketing* de marca. Se é possível saber os interesses do cliente por meio do banco de dados, é uma boa oportunidade para mandar um *e-mail* ou uma mensagem via WhatsApp, oferecendo algumas opções.

Dados integrados são muito preciosos para proporcionar mais eficiência nas ações de *marketing*, pois direcionam exatamente os produtos de que o consumidor precisa naquele momento.

Perguntas & respostas

O que são dados integrados?

Dados integrados compreendem de um tipo de funcionalidade que revolucionou o *marketing* das empresas na internet, por exemplo, em relação à utilização do tráfego pago, uma forma de realizar ações de *marketing* estratégico, por meio do investimento para *sites* e plataformas disponibilizarem determinado conteúdo com destaque para os seus usuários.

Mas como isso acontece?

A informação gerada em uma busca na internet pelo usuário vira um dado, que, em seguida, é disponibilizado para as empresas, que utilizam esse dado para gerar, nos *sites* que o usuário utilizar nas próximas horas do dia, anúncios do produto pesquisado.

Depois disso, é hora de testar tudo o que foi feito. Além da verificação das operações, a qualidade da integração e dos canais também deve ser avaliada.

Outra possibilidade estratégica viável será a capacidade de resolver os problemas dos consumidores em tempo real, implantando testes rápidos, avaliando os resultados e reajustando rapidamente, quando necessário.

Essa ferramenta é uma novidade a escalar por todos os canais de vendas das organizações. Podemos perceber quando pesquisamos, no Google, por algum produto e, depois disso, quando acessamos alguma rede social ou até mesmo um *site* que não tem relação com a pesquisa realizada anteriormente, aparecem anúncios sobre o produto pesquisado. Significa que a empresa anunciante está utilizando esse conceito, que é chamado *remarketing*.

Para saber mais

Acesse o material indicado a seguir e compreenda melhor os fatores do *remarketing* entendendo a importância do conhecimento do público e as causas de desistência da compra.

ESCOLA de e-commerce. **Remarketing para e-commerce**: saiba como montar a sua estratégia. Disponível em: <https://images.tcdn.com.br/static_inst/escoladeecommerce/prod/wp-content/uploads/2018/06/remarketing.pdf>. Acesso em: 10 nov. 2021.

O *remarketing* é utilizado com o objetivo de agregar valor à empresa, tendo como resultando um rendimento significantemente maior, limitando o risco e impulsionando a *performance* de vendas.

Destaca-se que essa tendência tem grande potencial de se tornar o novo "normal" dos recursos utilizados pelo varejo multicanal. Além disso, essa transformação tem impacto de curto prazo nos lucros e nas perdas de uma empresa e em recursos intangíveis, como no crescimento da credibilidade, resultando no desenvolvimento de uma "energia catalisadora" para futuras transformações dentro da organização.

2.6 Avaliação das operações

A análise de resultados também é um fator importante para o sucesso dessa estratégia, e ela se tornará mais complexa após a implementação da integração dos canais.

> ### Exemplificando
>
> Calcular o **retorno sobre o investimento** (ROI) pode ser uma tarefa difícil, uma vez que o investimento em lojas físicas pode aumentar as vendas pelo *site* ou por aplicativos e vice-versa.

Todo consumidor tem a própria forma de observar e analisar tudo que o rodeia quando julgar interessante. O estudo do varejo destaca que há fatores emocionais que motivam a forma como o cérebro reage aos estímulos no confronto entre o consumidor e o produto, atuando por meio de códigos sensoriais que chamam a atenção do consumidor para determinado produto ou para dada situação que atendam ao desejo de consumo desse consumidor, direcionando-o com o auxílio de propagandas efetivas.

A esse respeito, Brandão (2009) destaca que: "Para a empresa conseguir sucesso de produto, tangível e intangível no mercado, deve-se observar a forma como o consumidor percebe o dia a dia faz uma projeção desse momento: do consumidor no ponto de venda observando ou comprando um produto que desperte seu desejo e sua atenção".

É de extrema relevância para o sucesso das vendas que o lançamento de produtos ou serviços e o desenvolvimento da marca sejam acompanhados de pesquisa e análise da percepção do consumidor para o qual se pretende direcioná-lo.

Portanto, para garantir que os resultados ocorram conforme o esperado, é importante analisar continuamente os dados. Dessa forma, se algumas ações não funcionarem, você terá tempo para reformulá-las. Ou, se tudo correr conforme o planejado, você poderá aumentar o investimento.

Para fazer isso, é necessário pedir ajuda de uma pessoa que tenha uma compreensão adequada de sua função e do público-alvo. Considere tal avaliação depois de concluir todo o teste de trabalho da implementação.

Essa avaliação operacional deve ser constante, visto que o mundo passa por constantes transformações, e ela deve visar modificar o comportamento das pessoas. Esses são os pontos mais importantes a serem ponderados na implementação do *omnichannel*.

Resumidamente, a aplicabilidade dessa estratégia consiste nas seguintes etapas:

- Delinear o perfil do consumidor.
- Definir os canais adequados.
- Integrar esses canais.
- Implementar uma ação estratégica de *marketing*.
- Avaliar as operações.

Seguindo essas etapas, você poderá reduzir a taxa de risco e as falhas da estratégia *omnichannel* e, ainda, descobrir se alguma mudança é necessária antes de colocá-la em prática.

Lembre-se de que o objetivo de cada uma das etapas sempre será otimizar a experiência do consumidor e, por esse motivo, é essencial pensar em suas expectativas, seus desejos e suas necessidades.

Uma marca de sucesso é muito mais do que fornecer produtos ou serviços que atendam às necessidades ou facilitem as vidas das pessoas; ela também deve proporcionar experiências que desenvolvam forte conexão e relacionamento com seus consumidores, os quais reconhecerão nela os mesmos princípios e valores em que acreditam.

2.7 Varejo *omnichannel*

O varejo é definido como a ação relacionada à venda de produtos ou serviços diretamente aos consumidores finais, e sua receita final provém de vendas de pequeno volume.

Em outras palavras, o varejo é uma série de atividades abrangendo o processo de venda de produtos e serviços para atender às necessidades pessoais dos consumidores finais, e o varejista é um intermediário entre o nível de consumo e o nível de atacado ou produção.

A inserção de canais digitais e, principalmente, de canais móveis tem causado grandes mudanças no ambiente varejista. Essa situação permite que os varejistas tradicionais (representados principalmente por lojas físicas e de vendas diretas) e varejistas *on-line* desenvolvam novos pontos de contato para interação com os clientes, expondo-os a informações sensoriais e conteúdos *on-line* e *off-line*.

A popularidade da internet permite que os varejistas tradicionais complementem seus produtos por meio de canais *on-line*, melhorando a eficiência operacional e proporcionando benefícios aos consumidores.

O varejo *omnichannel* tem como ponto principal a integração dos vários canais de contato em busca da oferta de uma experiência satisfatória para o consumidor.

Além disso, uma verdadeira experiência *omnichannel* permite que os clientes passem por vários canais e que comprem e devolvam os itens quando, onde e como desejarem. Os consumidores não querem apenas comprar por meio de vários canais de vendas de forma integrada, mas também ter uma experiência de consumo *omnichannel*.

A proposta de valor é a experiência que o cliente vai vivenciar em seu relacionamento com a marca, que envolve muito mais que suas características, qualidades e diferenciais.

Exercício resolvido

Situação 1

A loja Magazine Luiza testou um sistema de entregas de produtos comprados no site e pelo aplicativo dentro de um prazo de duas horas, com a retirada em uma de suas diversas lojas físicas. Num primeiro momento, esse prazo se restringe a cinquenta produtos, que vão de smartphones a TVs, passando por videogames, travesseiros e liquidificadores (Veja On Line, 2018).

Situação 2

Marina reside em uma pequena cidade no interior de Minas Gerais. O advento do *e-commerce* propiciou a Marina e aos demais habitantes de sua cidade o acesso a muitos produtos que antes eram encontrados por eles apenas em grandes centros urbanos, o que demandava despesas com deslocamentos. Apesar dessa comodidade, Marina sente falta da interatividade entre os canais de compra, por exemplo, ela gostaria de fazer um pedido pelo aplicativo de seu celular e poder retirar o produto em uma loja física, pois, no caso do *e-commerce*, muitas vezes o tempo de entrega é longo, por se tratar de um local longínquo.

Considerando as duas situações, avalie as afirmativas a seguir:

I. Para empresas que desejam operar no *omnichannel*, as dificuldades logísticas podem ser contornadas com o uso de parcerias com varejos locais ou distribuidoras regionais.

II. Para varejistas de menor porte, torna-se mais difícil manter pontos físicos de venda em locais longínquos. A distância dessas localidades pode não tornar compensador o custo de se manterem estruturas de entregas descentralizadas.

III. Para varejistas com grande capilaridade, é vantajosa a descentralização dos estoques, por possibilitar maior agilidade nas entregas com retiradas em lojas físicas e por baratear o frete nos pedidos com entrega no endereço do comprador.

IV. Para ambas as situações, deve ser analisada a premissa da variável comercial, ou seja, avaliar a demanda dos locais para determinar a quantidade de produto que deve ser enviada aos pontos físicos, de modo a serem disponibilizados para os eventuais pedidos.

É correto o que se afirma em:

a. I e II, apenas.
b. I, II e III, apenas.
c. III e IV, apenas.
d. I, II, III e IV.

Gabarito: d

Feedback **do exercício**: Afirmativa I: um dos principais desafios da logística no *omnichannel* está relacionado à distribuição física dos produtos e à integração entre o *on-line* e o *off-line*. Dessa forma, realizar parcerias com varejistas locais pode auxiliar no sentido de deixar os produtos mais próximos de seus consumidores. Afirmativa II: pontos físicos muito distantes dos pontos de distribuição das empresas podem tornar inviável a operação em relação aos cursos; o ideal é ter pontos físicos em cidades com maior volume de vendas e mais próximos a seus centros de fornecimento. Afirmativa III: para varejistas que têm grande número de lojas físicas, a descentralização não representa um fator de prejuízo, ao contrário, pode até diminuir os custos de entrega dos pedidos feitos *on-line*, já que possibilita a entrega desses produtos, reduzindo o valor do frete. Afirmativa IV: em ambos os casos, é importante realizar a análise de produtos (vendas), a fim de determinar o volume de produtos de cada ponto físico.

Com o processo de comoditização do comércio de produtos e serviços, o desejo dos clientes por experiência aumentou. Portanto, gerenciar as percepções de autenticidade dos clientes tornou-se uma das principais fontes de vantagem competitiva.

Uma das características mais relevantes do modelo *omnichannel* é a poderosa experiência integrada de uso das vantagens das lojas físicas e a grande quantidade de informações obtidas nas compras *on-line*.

O fato é que o desenvolvimento da tecnologia tem permitido a criação ou o aprimoramento de novos canais de venda, pós-venda e comunicação, na expectativa de que sejam complementados e integrados para melhorar a experiência do consumidor.

Além disso, as mudanças no comportamento do consumidor também estão diretamente relacionadas às tendências do varejo *omnichannel*. O uso da tecnologia móvel permite que os consumidores se conectem continuamente ao *e-commerce*, facilitando a busca de produtos e a comparação de preços.

Como resultado, os varejistas devem usar estratégias para atrair novos consumidores e expandir o mercado, como o uso de serviços baseados na localização do usuário. Levando em consideração os fatores motivacionais e os desafios que devem ser superados, é proposto um modelo de implementação de uma estratégia *omnichannel* no varejo. O diagrama da Figura 2.4 propõe um modelo.

Figura 2.4 – Fatores motivacionais e seus desafios do *omnichannel*

FATORES MOTIVACIONAIS

- Demanda dos clientes
- Aumento nas vendas
- Otimização de lojas físicas

→ Varejo **omnichannel** →

- Investimento em tecnologia
- Gerenciamento de mudança
- Conflito entre canais
- Gestão de devoluções
- Consistência

DESAFIOS

Como apresentado, existem três principais fatores motivacionais: a demanda dos clientes, o aumento nas vendas e a otimização de lojas físicas.

- **Demanda dos clientes**: a implementação bem-sucedida do varejo *omnichannel* permite que as lojas atendam melhor às necessidades dos clientes, forneçam soluções personalizadas e aumentem sua satisfação e oportunidades de fidelização.
- **Aumento das vendas**: o uso de vários canais pode fornecer mais pontos de contato no processo de compra do cliente, melhorando a capacidade de fornecer aos consumidores os resultados desejados e, consequentemente, aumentando a velocidade de conversão em vendas.
- **Otimização das lojas físicas**: permite que as empresas utilizem a estrutura das lojas físicas para a criação de pequenos centros de distribuição, que podem processar os pedidos feitos pela internet de maneira mais rápida e barata. Essa situação também possibilita que a loja avalie seu estoque com mais rapidez e assertividade, eliminando eventuais erros de estoque decorrentes de inadequada atualização.

Ainda na Figura 2.4, é possível determinar os cinco principais desafios: investimentos em tecnologia, gerenciamento de mudanças, conflito entre canais, gestão de devoluções e consistência.

- **Investimentos em tecnologia**: o estabelecimento de canais integrados aumentará a complexidade e a necessidade de gerenciamento da cadeia de suprimentos em tempo real. Profissionais de TI qualificados devem ser adicionados para serem responsáveis pela concepção do planejamento de tecnologia. Novas tecnologias podem ser desenvolvidas e testadas para garantir que estejam em conformidade com os novos hábitos de consumo. Como essa fase é muito dependente de fortes investimentos, esse é um dos motivos pelos quais inúmeros varejistas ainda resistem em usar essa estratégia.
- **Gerenciamento de mudanças**: se a empresa não for capaz de disseminar os objetivos e benefícios dessa mudança entre todos os seus colaboradores, pode ser difícil implementar uma abordagem *omnichannel*. O gerenciamento de mudanças é um processo de atualização da direção, da estrutura e das capacidades de uma organização para atender às necessidades de mudanças dos clientes internos e externos.
- **Conflito entre canais**: essa situação ocorre quando os recursos são escassos ou os objetivos de cada canal não são exatamente os mesmos da empresa, o que pode levar à diminuição das vendas, bem como à queda do faturamento da organização.
- **Gestão de devoluções**: com a expansão do *e-commerce*, a taxa de devoluções também aumentou, porque a capacidade de fornecer aos clientes uma percepção completa do produto, por meio dos canais on-line, é mais fraca do que nos canais físicos. É essencial elaborar, de maneira clara e cuidadosa, a política de devolução da empresa, com vistas a equilibrar os custos operacionais e a satisfação do cliente.

Consultando a legislação

O art. 49 do Código de Defesa do Consumidor decreta o **direito do arrependimento**, estabelecendo que o consumidor tem o direito de desistir do contrato de compra, no prazo de sete dias a contar do recebimento do produto ou serviço, em compras realizadas remotamente, ou seja, não presenciais.

- **Consistência**: com a possibilidade de haver diferenças de preços, promoções, prazos e políticas entre os canais, a implementação do *omnichannel* pode não ser totalmente realizada caso a transição entre os canais não seja detectada, tornando, assim, impossível a obtenção de uma experiência de compra perfeita.

Desse modo, o processo de comunicação precisa ser desenvolvido para coordenar e obter consistência de informações entre os canais.

2.8 Processos da cadeia de suprimentos

Para Paoleschi (2015), a cadeia de suprimentos é o conjunto de atividades que abrangem a produção, a movimentação, o armazenamento, a expedição e o transporte, tudo de forma integrada, com o objetivo de reduzir custos e prazos de entrega para alcançar um lucro maior.

Uma das maiores diferenças entre uma cadeia de suprimentos tradicional e uma de *e-commerce* é como os produtos são entregues. E quando partimos para essa análise nas operações *omnichannel,* ela se complica mais um pouco, principalmente pelo fato de o cliente escolher o canal de compra e entrega, como também o de uma possível devolução, gerando um novo desafio para as organizações: o gerenciamento de sua cadeia de suprimentos.

De acordo com Stanton (2019), um modelo *omnichannel* facilita aos clientes comprar e fechar negócio e também permite que a cadeia de suprimentos de uma empresa seja centrada nas necessidades dos clientes. A distribuição *omnichannel* é uma estratégia de negócios possível graças à cadeia de suprimentos digitais, exigindo que se tenha muita flexibilidade e compartilhamento excelente de informações em todas as suas partes da cadeia de suprimentos voltadas ao cliente.

As tecnologias digitais estabelecem oportunidades para combinar melhor as cadeias de suprimentos, assim, parceiros do canal, sejam eles fornecedores, sejam intermediários, prestadores de serviços terceirizados ou até clientes, podem compartilhar informações em tempo real, como explicam Westerman, Bonnet e McAfee (2016). Esses compartilhamentos podem ser observados na prática, por exemplo, quando clientes conseguem rastrear suas encomendas ou quando os parceiros conseguem olhar os estoques dos canais em tempo real.

As organizações que desejam fazer parte do mundo *omnichannel* precisam, antes de tudo, analisar e redesenhar seus processos, uma vez que estes serão afetados, pois novas estratégias de suprimentos devem ser criadas, além de identificar quais processos deverão ser implementados para auxiliar a movimentação das mercadorias ao longo da cadeia de suprimentos.

Quadro 2.1 – Transição de um modelo multicanal para *omnichannel*

Estoque	Os varejistas da *omnichannel* gerenciam estoques integrados em uma solução de armazenamento.
Separação	Na fase de *omnichannel* mais desenvolvida, são aplicados métodos para melhorias de processo na escolha entre canais.
Entrega	As opções de entrega são expandidas por meio da integração de processos para incluir serviços de coleta.

Por isso, as informações e mensagens em cada ponto de contato devem ser unificadas e deve-se garantir que elas cheguem a todos os pontos relacionados com a cadeia de suprimentos de modo a assegurar as entregas nos prazos e nas condições acordadas.

2.9 Planejamento de demandas

O planejamento da demanda busca determinar a quantidade de produtos que os clientes provavelmente comprarão. Várias informações podem servir de base para esse planejamento, como o volume de vendas realizado, a projeção da economia, ações de *marketing* realizadas etc.

Na perspectiva *omnichannel*, devem ser analisados todo os itens que constam em todos os canais, seja na loja física, seja nos centros de distribuição, entre outros, e o volume de vendas realizadas também nesses canais.

A necessidade da demanda deve ser projetada por meio da previsão e de cálculos que podem ser realizados de maneira contínua ou em períodos que a empresa considere indispensável.

As previsões de demanda são essenciais para ajudar na definição dos recursos indispensáveis para uma empresa. Para alcançar e confirmar uma demanda futura, auxiliando a programação de recursos e assegurando o ganho de oportunidade de mercado.

Existem diversas formas de se calcular a previsão de demanda e, de acordo com Jacobs e Chase (2009), o modelo de previsão que a empresa deve escolher depende dos seguintes fatores:

- o horizonte de tempo para a previsão;
- a disponibilidade dos dados;
- a precisão necessária;
- o tamanho do orçamento de previsão;
- a disponibilidade de pessoal qualificado.

Segundo Stanton (2019), para elaborar as previsões repetidamente para uma diversidade de produtos, é interessante contar com um *software* específico chamado de *sistema de planejamento de demanda* (DPS). Esse *software* auxilia a analisar as previsões em diferentes níveis, desde a previsão do nível individual da unidade distinta mantida em estoque até a programação da demanda principal, e pode ser configurado para utilizar métodos de previsão com base no tipo de demanda: estável ou volátil. Normalmente, o DPS faz interface com o histórico de pedidos do cliente ou pode ser vinculado a um sistema de planejamento de necessidades de material.

Como visto, o *omnichannel* tem como métrica integrar as experiências, a fim de que o cliente tenha uma vivência similar nos diversos canais de uma organização, seja em sua loja física, seja no *e-commerce*, nas redes sociais ou nos aplicativos para celular. Contudo, estar presente em inúmeros lugares não assegura uma experiência uniforme. Diante disso, é importante observar a convergência das informações dos canais integrados, visto que, ao integrar os pontos de contato do cliente, potencializa-se a capacidade de vendas, bem como há um incremento no atendimento ao cliente.

Para um adequado planejamento, no que tange o *omnichannel*, é preciso integrar as áreas de contato do cliente, bem como suas demandas, ou seja, por canal ou por local. O cliente pode, por exemplo, realizar a compra em loja virtual e retirar na loja física ou em um *locker*. Para tanto, o processo logístico da empresa deve encontrar-se, da mesma forma, integrado, bem como seus sistemas de informações.

Para saber mais

Locker inteligente é um armário que viabiliza a ampliação de processos logísticos de coleta. Trata-se de um sistema orientado ao *e-commerce*. Sua métrica segue a dos guarda-volumes, em que, após adquirir uma mercadoria, o cliente pode retirá-la dentro de um prazo e em um local preestabelecidos. Por exemplo, por esse sistema, um posto de gasolina, uma estação rodoviária ou uma localidade pública podem converter-se em um local de retirada de mercadorias. Os *lockers* têm vigilância monitorada durante 24 horas por dia, e seu sistema de segurança dispõe de aplicativo para abertura e sistema de alarme.

Para saber mais sobre *lockers* e sua aplicação, recomendamos a leitura do seguinte texto:

UNIVERSO de Negócios. **Serviços por meio de lockers inteligentes têm crescido no Brasil**. 2020. Disponível em: <https://www.primeaction.com/servicos-por-meio-de-lockers-inteligentes-tem-crescido-no-brasil/>. Acesso em: 10 nov. 2021.

Por esse viés, o atendimento nessa modalidade deve ter condições de atender a demandas de clientes, independentemente da origem ou da abordagem (local ou canal), empregando estratégias alinhadas para todos os canais e permitindo ao cliente transitar livremente entre suas interfaces. Não obstante, as estratégias devem concentrar-se em um único sistema de gestão que permita a sinergia de informações entre as interfaces no que tange à precificação, posição de estoque, rastreio etc. O aspecto logístico deve mostrar-se responsivo às demandas de fornecimento de produtos por meio de sua cadeia de lojas físicas ou *on-line*.

2.10 Métodos de venda *omnichannel*

Atualmente, os consumidores têm uma capacidade poderosa de interagir com o mundo virtual, e isso tem um impacto direto no varejo.

Quando os clientes usam todas as funções de sensoriamento para detectar os produtos que melhor atendem a suas necessidades, as informações sobre os produtos são coletadas em lojas físicas ou em canais *off-line*, e um *showrooming* aparece.

Após a escolha de um produto, o cliente utiliza métodos *on-line* para buscar um *e-commerce* que ofereça descontos e preços mais atrativos.

Já o *webrooming* ocorre quando um usuário pesquisa na internet para selecionar um produto específico de determinada marca, mas faz uma compra na loja física mais próxima para obter o produto de imediato.

Ambas as situações passaram a fazer parte do dia a dia dos consumidores, que utilizam cada vez mais os canais móveis. Veja na Figura 2.5 a matriz de pesquisa e compra que demonstra essa tendência.

Figura 2.5 – Matriz de informação e compra

Realização de compras

	Off-line	On-line
Off-line	Varejo tradicional	Showrooming
On-line	Webrooming	E-commerces

(Busca de informações)

Entre os tipos de compras possíveis pelo modelo *omnichannel*, o mais usual para as lojas e clientes é o conhecido como *click & collect* (clique e receba), que inclui realizar o processo de compra nos canais *on-line* e receber o pedido na própria loja física.

Para os consumidores, esse método permite que os usuários pesquisem e comprem, rapidamente, produtos na internet e retirem tais produtos, na loja mais próxima. Para os varejistas, essa situação resulta em estoque descentralizado, serviços mais rápidos e custos de logística mais baixos.

No momento em que a encomenda estiver disponível para entrega na loja indicada, o cliente recebe um *e-mail*, um SMS ou até mesmo uma mensagem no *WhatsApp*, prática que vem sendo realizada na atualidade. Nos casos em que existirem encomendas com mais de uma mercadoria, pode ser enviada uma mensagem de confirmação parcial, informando quais produtos se encontram disponíveis para entrega. Nesse caso, o cliente pode escolher entre receber a mercadoria já disponível ou aguardar a chegada dos produtos restantes, explicam Afonso e Alvarez (2020).

Além disso, existe um impacto secundário nas vendas, já que os clientes precisarão entrar na loja para retirar os pedidos, facilitando a compra cruzada e aumentando a probabilidade de a empresa fornecer serviços personalizados para agradá-los.

Exercício resolvido

Há dois principais métodos de compra *omnichannel* que passaram a fazer parte do dia a dia dos consumidores, já que estes utilizam cada vez mais os canais móveis. Nesse contexto, o método que ocorre quando um cliente pesquisa na internet para selecionar um produto, mas finaliza a compra na loja física é:

a. *showrooming*.
b. remoto.
c. *webrooming*.
d. *on-line*.

Gabarito: c

***Feedback* do exercício**: O método de compra conhecido como *webrooming* ocorre quando um usuário pesquisa na internet para selecionar um produto específico de determinada marca, mas faz uma compra na loja física mais próxima para obter o produto imediatamente.

Cada vez mais exemplos de casos de *omnichannel* têm surgido em grandes marcas, e o objetivo principal disso é proporcionar aos consumidores uma experiência de compra mais completa.

Para que você reconheça isso na prática, confira, a seguir, alguns exemplos de casos de sucesso de *omnichannel* aplicado em grandes marcas.

Starbucks

A marca gigante estadunidense de café Starbucks é conhecida como um bom exemplo dessa estratégia, porque oferece aos clientes uma excelente experiência de compra.

A empresa desenvolveu o *My Starbucks Rewards Program*, um programa de fidelidade que pode ser executado por meio de um aplicativo. Ao aderir, os clientes podem obter bebidas grátis, mas o programa não se limita a isso. O aplicativo em si é como um cartão da Starbucks, no qual você pode depositar pontos e usar quando fizer compras na loja, sem ter de utilizar dinheiro.

Com esse programa, você pode recarregar seus créditos via celular, *site*, loja ou até no próprio aplicativo. Contudo, o mais importante está no fato de que qualquer transação pode ser atualizada em tempo real, em todos os canais.

Portanto, se você estiver na fila da loja física, esperando para comprar café, e perceber que não tem crédito nem está com sua carteira, você poderá resolver esse problema rapidamente, antes mesmo de ser atendido.

Por meio do aplicativo, além da função de pesquisar a loja mais próxima, descobrir como chegar a ela, qual é seu horário de funcionamento e outras informações importantes, você também pode consultar seu saldo e histórico de compras.

O programa também proporciona recompensas com base no uso do cliente, tornando a experiência ainda mais completa.

Centauro

Essa é uma das maiores redes de artigos esportivos da América Latina, com mais de 180 lojas físicas no Brasil. Apesar disso, a marca também vende por telefone, *site* e aplicativo.

Uma de suas estratégias é proporcionar a possibilidade de troca em qualquer loja física do país quando necessário, ou seja, além de poder escolher a loja mais conveniente, o cliente também tem a oportunidade de experimentar o produto antes de trocar.

Outra estratégia adotada pela empresa é fornecer sempre cupons de desconto de 10% para os clientes que vão à loja buscar itens pedidos pelo *site*. Da mesma forma, ao fazer uma compra em uma loja física, o cliente receberá um cupom para compra no *site*.

Como você pode ver, nesse exemplo prático de *omnichannel*, a empresa não só proporciona aos clientes a liberdade de se movimentarem livremente entre o *on-line* e o *off-line*, mas também os incentiva a essa prática, adotando estratégias que aumentam as oportunidades de novas vendas.

O Boticário

Loja especializada em perfumes e produtos de beleza, começou a se desenvolver em ambiente *off-line*; tendo começado a fazer compras em lojas físicas em 1980, passou a vender seus produtos pela internet em 2002.

Um bom exemplo do uso de *omnichannel* usual da marca é o fornecimento de amostras grátis de seus novos produtos por meio das redes sociais, publicidade patrocinada e *e-mail marketing*; os clientes são mobilizados por suas campanhas, bastando apenas preencher o cadastro com os dados básicos, recomendar amigos e escolher a loja de sua preferência para arrecadar presentes.

Com essa estratégia, foi possível coletar informações importantes sobre os consumidores, como nome, data de aniversário, local de residência, preferências, entre outras. Além desses dados, a empresa pôde também testar a aceitação de novos produtos e levar clientes para a loja, criando oportunidades de novas vendas.

Leroy Merlin

A rede francesa do ramo de materiais de construção chegou ao Brasil em 1998. Hoje, além do *e-commerce*, a empresa tem mais de 40 lojas físicas em todo o país.

A empresa transportou a agilidade das vendas *mobile* e ferramentas do *site* para as lojas físicas, de modo que o vendedor registra o pedido ou orçamento no *smartphone*. Com isso, o *smartphone* pode ler o código de barras do produto exibido e pode acessar todas as informações disponíveis no *site*, como fotos, vídeos, dicas de instalação, entre outras informações.

Essa abordagem ajuda a reduzir o tempo de espera do atendimento ao cliente, pois o mesmo vendedor pode fornecer serviços a várias pessoas ao mesmo tempo.

Outro recurso disponibilizado pela empresa é o **clique e retire**, que permite ao cliente consultar a disponibilidade dos produtos em estoque para que possa decidir se pretende receber as encomendas em casa, ir à loja física ou comprar *on-line* e buscar na loja.

Timberland

Varejista de roupas, calçados e acessórios, usa tecnologia de indução para criar experiências interativas para os consumidores em suas lojas físicas.

A marca oferece *tablets* em suas lojas, e todos os produtos são equipados com *chips*. Quando o dispositivo é aproximado desses produtos, informações e promoções são exibidas na tela. Esse recurso proporciona aos consumidores mais independência, pois não precisam consultar a equipe de vendas para obter informações.

À medida que continuam a ver produtos diferentes, o *software* de personalização do *tablet* começa a recomendar produtos com base no histórico do usuário. Além de fornecer aos clientes uma experiência mais personalizada, também pode tornar visíveis os produtos que podem não ser muito populares.

Taco Bell

Rede estadunidense de *fast-food* que usa uma estratégia de *marketing* geográfico, que permite aos clientes receberem seus pedidos assim que chegarem à loja. Mas, como isso funciona? Os clientes podem optar por fazer um pedido por meio do aplicativo do restaurante; por meio da geolocalização, o aplicativo avisa para a cozinha quando os clientes se aproximam. Dessa forma, quando que ele entrar na loja, o pedido terá acabado de ser preparado. Esse é um exemplo real de um *ominichannel* que realmente otimiza a experiência do consumidor.

Apesar de parecer simples e fácil, a aplicabilidade dessa estratégia consiste em um processo complexo, pois requer que seja oferecida uma experiência adequada e marcante ao cliente por meio da integração de canais, o que é um grande desafio.

Além de contar com a tecnologia para integração, é preciso ter um conhecimento profundo do negócio e monitorar de perto todos os departamentos. A satisfação do cliente também contribui para esse desafio, já que envolve as sutilezas de suas expectativas e opiniões sobre a empresa.

2.11 Plataformas de *e-commerce omnichannel* e configuração de lojas *omnichannel*

As plataformas de *e-commerce omnichannel* são sistemas que oferecem as ferramentas imprescindíveis para a gestão da loja virtual, possibilitando que estas fiquem disponíveis na internet.

Um tipo de plataforma que pode ser utilizada para as operações *omnichannel* é a plataforma aberta, que se refere aos sistemas prontos gratuitos de loja virtual de código aberto (*open source*), os quais podem ser usados por desenvolvedores e agências virtuais para criar uma nova loja virtual. Os custos se baseiam, geralmente, na customização e na hospedagem da loja, embora os modelos de contratação sejam os mais variados e dependem do desenvolvedor que será contratado, descreve Reisswitz (2012).

Eles são muito utilizados por *freelancers*, e muitos fornecedores sérios de *e-commerce* passaram a se especializar em plataformas abertas, desistindo de oferecer plataformas proprietárias (Reisswitz, 2012).

Na plataforma proprietária, o processo de compra é mais consultivo, e ela normalmente é customizada com base nas necessidades dos clientes, embora seus custos e prazos de implantação e manutenção sejam maiores. Desde que se contrate um fornecedor de confiança, é considerado o modelo ideal para quem deseja crescer no *e-commerce*, explana Reisswitz (2012).

Belmont (2020) explica que uma loja virtual pode ser criada de três formas diferentes:

1. Contratação de programadores para construção de uma plataforma, conforme as necessidades e as regras de negócio.
2. Utilização de um sistema *open source*, baixando da internet o código e rodando-o em algum servidor *on-line*.
3. Plataforma alugada, em que a pessoa cria uma conta e usa a plataforma em um formato de aluguel, com uma mensalidade paga de acordo com os recursos empregados.

Para configurar uma loja virtual, deve-se pensar em todos os aspectos que chamem a atenção do consumidor e ofereçam segurança nas transações, atendimento de qualidade e processos com agilidade e facilidade.

Reisswitz (2012) explica que podem ser oferecidos:

- *websites* que apresentem fachadas de lojas virtuais e catálogos de multimídia;
- processamento interativo de pedidos;
- sistemas seguros de pagamento eletrônico;
- suporte *on-line* ao cliente.

Deve-se também promover a integração com os outros canais que fazem parte da operação *omnichannel* por meio de *softwares* que interliguem todos eles, demonstrando estoque, distribuição, localização, entre outros fatores.

Ferramentas de *marketing* digital também são essenciais, pois proporcionarão a divulgação das lojas e a conversão em vendas e *softwares* de planejamento e gestão empresarial como o ERP.

As lojas virtuais devem dispor de uma equipe de atendimento que compreenda bem o processo *omnichannel* em todos os seus canais de contato com o cliente. E a integração entre todas as áreas deve funcionar corretamente, sem interrupções, visto que qualquer indisponibilidade do sistema pode significar perdas de vendas, por isso, é preciso estabelecer uma infraestrutura confiável e eficiente. Os processos devem ser monitorados constantemente e mapeados para analisar se estão funcionando como o esperado.

No que tange a plataformas de *e-commerce omnichannel* e à configuração de lojas *omnichannel*, é importante observar aspectos como:

- **Configurações da plataforma** *omnichannel*: é oportuno que haja a centralização das informações acerca dos clientes, sejam estas via redes sociais, SMS, WhatsApp, *chats*, *site*, registros telefônicos ou outro. Assim, será possibilitado o mapeamento do atendimento, bem como a personalização das métricas da experiência.

- **Sincronização dos canais**: na prática, isso implica sincronizar as estratégias de relacionamentos empregadas. Por exemplo, se o cliente iniciou o relacionamento via uma rede social, mas desejar prosseguir em outro canal, não ocorrerá a perda das informações anteriores. A sincronização de dados na plataforma habilita o atendimento de maneira contínua.

- **Treinamento e capacitação**: embora não envolvam um aspecto da plataforma em si, são muito relevantes. A operação da plataforma necessita de profissionais capacitados para atender em diferentes plataformas, bem como alternar sua ação entre os canais sem que se observe prejuízo à experiência do cliente, seja esta uma compra, seja uma troca, uma devolução, um questionamento, uma alteração de contrato, uma cobrança, uma pesquisa, uma renegociação.

- **Alinhamento de recursos físicos e operações compartilhadas**: ao empregar a centralização de informações, as bases de dados são compartilhadas pelos canais. Cumpre destacar a necessidade de uma identificação de clientes unificada que sustente o compartilhamento assertivo. Também é relevante atentar para que a visibilidade de estoque seja centralizada. Somente assim pode-se superar o desafio de integrar os canais físicos aos *on-line*. Ainda, destaca-se a necessidade de alinhamento entre as ações fiscais e legais da plataforma, com trocas, devoluções e logística reversa. As operações de venda e de faturamento devem ser realizadas por agentes alinhados, ou seja, unificados, pois o não alinhamento pode comprometer a experiência do cliente ao retirar a compra em uma loja física e ter a retirada comprometida por não se tratar de mesmo CNPJ.

- **Controle de estoque**: no que tange à capacidade de estoque, as plataformas devem assegurar a disponibilidade de produtos e o cumprimento de prazos em seus canais. Para tanto, a empresa deve gerir inventário, realizar o giro de produtos, bem como disponibilizar informações reais e atuais de suas posições, de modo integrado aos locais físicos. Tal integração deve repercutir por todos os canais para que o estoque forneça informações reais e tempestivas. Considere, por exemplo, a venda, no *e-commerce*, do último item de determinado produto; as informações dessa operação e da movimentação devem constar, sincronizadamente, em todos os canais da plataforma.
- **MultiCD**: compreende um módulo que integra e gerencia operações realizadas em diferentes localidades. Por esse módulo, gerenciam-se aspectos como estoques, fretes, remessas e pedidos. Podem operar em dois modelos diferentes: um armazém ativo ou vários armazéns ativos. No primeiro caso, quando se acessa determinada loja, observa-se somente o estoque de produtos de um armazém. Já no segundo modelo, quando se acessa a loja, observa-se o estoque de todos os armazéns disponibilizados. A tipologia de serviços de frete em módulos MultiCD podem ser configurada por armazém, ou seja, opera-se com os serviços de frete disponíveis no armazém selecionado. Por exemplo, o frete para uma remessa em dois armazéns, um atende a Região Norte do Brasil e tem o serviço de frete via transportadora da plataforma ou via correio; e o segundo atende a Região Sul do Brasil e emprega apenas o serviço de frete via transportadora da plataforma. Também é possível administrar os pedidos via MultiCD. Essa administração dependerá do tipo de remessa trabalhada, que pode ser com uma remessa ou com várias remessas. A principal diferença está na origem de retirada dos produtos da remessa: para uma remessa, a origem é apenas um armazém, ao passo que, para várias remessas, os produtos saem de mais de um armazém.

2.12 Operações de vendas e de pós-venda

A estratégia multicanal possibilita aos clientes a escolha do canal de vendas pelo qual deseja adquirir produtos e serviços, bem como permite a escolha de qual canal acionar em caso de problemas e se tiver necessidade de esclarecimentos que se referem ao processo de pós-venda (Roccato, 2017).

Como visto, integrar a loja física aos canais *on-line* é um desafio em *omnichannel*. Tal desafio é potencializado quando se trata de vendas, pois, geralmente, em lojas físicas, a equipe de vendas recebe comissões sobre as vendas. Nesse viés, é importante desenvolver a visão de que a "perda de uma venda" para outro canal não implica concorrência.

No *omnichannel* o profissional deve ser

> *alguém que ajuda aos clientes na escolha do produto ideal, incentiva à partilha de experiência de compra e usufruto do produto, sugere canais ou formas alternativas de compra mais convenientes em função dos interesses do cliente, sabe o que a concorrência oferece e tem informação fidedigna e atual sobre os seus produtos.* (Souza, 2015, p. 137)

Em seu trabalho, Souza (2015) enumera, como resposta a esse desafio, os seis aspectos a seguir, que devem ser abordados em treinamento para as equipes de vendas:

1. **Consistência de serviços em todos os canais**: a equipe deve compreender que se opera em muitos canais como forma de atendimento ao cliente, bem como que seu papel é relevante nesse processo de integração para que a experiência de compra seja positiva e consistente.
2. **Research on-line, purchase off-line**: compreender que haverá eventos em que o cliente terá mais informações sobre ofertas e produtos que o profissional da loja física, ou seja, maior será a demanda por conhecimento e alinhamento do profissional. Uma boa prática é confirmar as fontes de informação e confrontá-las com as informações disponíveis na loja.
3. **Praticar as políticas de *return, click, collect***: essas políticas devem ser conhecidas e alinhadas em todas as formas de relacionamento da

plataforma. O profissional deve saber comentar sobre as sistemáticas de troca e de devolução, sejam estas em meio *off-line*, sejam em meio *on-line*. Isto é, todos os canais de relacionamento devem dispor de mecanismos que viabilizem a devolução ou a troca de um produto. Um cliente que comprou o produto no *site* deve conseguir efetuar a troca em uma loja física ou, se comprou em loja física, pode emitir a garantia do produto no *site*. De acordo com Stanton (2019), em uma cadeia de suprimentos *omnichannel*, um cliente pode comprar um produto *on-line* e devolvê-lo em uma loja de varejo. Desse modo, mesmo que o consumidor tenha adquirido o produto em uma loja física, ele pode optar por ter seu relacionamento pós-venda em outro canal, a seu critério.

4. **Praticar o *connected store***: sempre que for disponibilizada alguma tecnologia que impacte a experiência do cliente e favoreça a venda, ela deve ser utilizada. Aqui, é relevante o preparo para o uso de novas tecnologias e inovação.
5. **Impulsionar testes, avaliações e compartilhamento social**: deve-se compreender que o consumo não finda com o ato da compra. Ações de *feedback* potencializam a marca, por exemplo, a resposta de recomendações em redes sociais.
6. **Potencializar as fontes de compra**: compreender que nem sempre o cliente efetuará a compra no momento em que visita a loja (física ou *on-line*); por exemplo, uma ida pode ter apenas o objetivo de tirar dúvidas. Em situações como essas, é importante disponibilizar os canais e suas respectivas formas de compra.

Após a aquisição e a entrega dos produtos, o relacionamento das empresas com os clientes não acaba, pelo contrário, pode ser ainda mais uma chance de fidelizá-lo, por meio do pós-venda. Para isso, é preciso disponibilizar serviços que sejam prestados de forma eficiente e que deixem o cliente satisfeito. Esse pós-venda pode ser realizado por meio da resolução de problemas, do esclarecimento de dúvidas, de trocas, entre outros. São exemplos, o *chatbot* e o *feedback* de clientes. *Chatbot* é uma tecnologia empregada como apoio no atendimento ao cliente e tem como métrica responder a demandas, podendo estar presente nos diferentes canais de relacionamento, como *site*, redes sociais, WhatsApp, Telegram, entre outros. O *chatbot* é representado pelos "assistentes virtuais".

Para saber mais

Chatbot é um tipo de programação desenvolvida conforme as demandas de relacionamento que simula a conversação humana com o cliente. Seu emprego visa automatizar ações repetitivas e demanda responsividade (suporte imediato). Assim, a troca com o cliente é mais eficiente e evitam-se as "filas de espera". Um *chatbot* pode ser baseado por regras ou por inteligência artificial: o primeiro limita-se ao reconhecimento das ações que lhe foram "ensinadas", já o segundo é capaz de aprender pela interação, de modo a identificar necessidades e apresentar soluções personalizadas e adequadas, como respostas para dúvidas recorrentes, agendamentos, pesquisas de opinião, recomendações de soluções e outras.

O *chatbot* pode atender a muitas demandas e possibilidades, como:

- **Chatbot para *marketing***: viabilizar o incremento de engajamento e o fortalecimento de marca. Por exemplo: métricas de conteúdo podem resultar em *leads*, informação aos contatos, divulgação de marca, coleta de dados, entre outros.
- **Chatbot para vendas**: viabilizar ações de qualificação, vendas, pagamentos, escolha de pacotes e contratos, pós-venda.
- **Chatbot para cobrança**: viabilizar um canal de comunicação e negociação de pagamentos. O emprego desse *chatbot* pode tornar a experiência do cliente mais confortável e ágil.
- **Chatbot para atendimento**: viabilizar o atendimento ao cliente, bem como, pela acessibilidade, ampliar a experiência do cliente. Por exemplo: usando um *chatbot* para atendimento, é possível estar disponível ao cliente 24 horas por dia.

Feedback de clientes

Antes de abordamos o tema *feedback do cliente*, é importante recordar que, no *omnichannel*, a integração de seus canais abarca todos os pontos de contato entre a marca e o cliente. Portanto, tal abordagem implica integração de canais que envolverão a distribuição, a promoção e a comunicação, oferecendo o que ele precisa e quando precisa. O conceito central de integração do *omnichannel* atua sobre as demandas dos clientes de modo síncrono, isto é, este (se desejar) não precisará mudar de canal para buscar e obter o que quer.

Para verificar se tal conceito está sendo cumprido, é relevante solicitar *feedback* aos clientes quanto à sua experiência. Pelo *feedback* do cliente, é possível verificar o nível de eficiência da plataforma e de seus canais, isto é, constatar o que atende e o que não atende a demandas.

Considere estas situações: uma venda não finalizada, um carrinho de compras vazio ou um *lead* desistente. Nesses casos, deve-se questionar o motivo ao cliente (buscar seu *feedback*). Portanto, o *feedback* do cliente deve ser solicitado em cada ato de relacionamento, estimulando que ele compartilhe sua experiência.

Observe que essa prática deve ser contínua e deve buscar respostas assertivas que demonstrem a alinhamento às estratégias do *omnichannel*.

A estratégia do *omnichannel* é um desafio, mas, se projetada de forma adequada, pode fornecer resultados incríveis para alcançar a diferenciação de uma empresa dentro de seu mercado de atuação.

Investir em *omnichannel* é uma oportunidade para marcas que desejam se destacar e dar o primeiro passo para atrair novos clientes. Nesse processo, para alcançar a eficiência da integração dos canais, será necessário compreender a expectativa do consumidor.

Afinal, os consumidores já são *omnichannel*, e a sua empresa? Você consegue perceber esse comportamento? Reflita sobre o assunto.

Síntese

Neste capítulo, você estudou:

- o conceito de *omnichannel*;
- a diferença entre os conceitos de *multichannel* e *crosschannel*;
- as principais vantagens estratégicas da utilização do *omnichannel*;
- os passos para a implementação do *omnichannel* em uma empresa;
- como se caracteriza o varejo *omnichannel*;
- como funciona cada um dos métodos de vendas integradas no *omnichannel*.

Logística

Conteúdos do capítulo:

- Logística.
- Logística aplicada ao *omnichannel*.
- Integração logística.
- Implementação *omnichannel*.
- Percepção dos consumidores.
- Consumidor *omnichannel*.
- Gestão de estoque.

Após o estudo deste capítulo, você será capaz de:

1. entender o conceito e o processo logístico;
2. compreender a aplicação logística do *omnichannel*;
3. delinear as principais vantagens e os desafios da integração logística;
4. atuar em cada passo da implementação *omnichannel* em uma empresa;
5. caracterizar a percepção dos consumidores;
6. descrever o consumidor *omnichannel*;
7. praticar a gestão de estoque sob a perspectiva do *omnichannel*.

Os serviços prestados aos consumidores tendem a se expandir à medida que a integração entre os canais *on-line* e físicos se tornam mais eficientes. Essa abordagem, que atualmente evolui de maneira considerável, é chamada de *varejo omnichannel*.

capítulo 3

O *omnichannel*, além do lucro pelo aumento de vendas, proporciona maior visibilidade às organizações, bem como maior valor agregado a seus produtos. Com o uso desse método, que viabiliza uma comunicação mais assertiva entre empresa e consumidor, a capitalização de clientes e a respectiva fidelização podem alcançar altos índices.

Desse modo, o objetivo deste capítulo é delinear as variáveis logísticas para compreender a evolução desse conceito e o impacto da implementação da estratégia multicanal.

Analisaremos os processos de integração dos canais de distribuição, como os novos pontos de consolidação de cargas, os produtos logísticos, o processamento de pedidos, a gestão de estoques e de tempos de ciclo, os sistemas de distribuição e, finalmente, os aspectos de logística reversa.

Abordaremos todo o processo de implementação *omnichannel* na gestão logística e de estoque, de modo a seguir as necessidades respondentes às características do consumidor que utiliza vários canais, bem como a percepção dos consumidores em relação a essa integração, por meio do delineamento das características do consumidor *omnichannel*, que é o foco de todo esse investimento.

Dessa forma, você vai compreender todas as variáveis logísticas passo a passo para garantir o sucesso da implementação multicanal sob a perspectiva do *omnichannel* e, assim, seguir o sucesso de muitas empresas do varejo que aderiram a essa filosofia e se adequaram à nova e mais atualizada forma de vender.

3.1 Compreendo a logística

Antes de tudo, você precisa compreender todas as etapas que envolvem um processo logístico.

O que é

Logística, em seu sentido amplo, é conceituada como parte de um gerenciamento da cadeia de abastecimento, que é responsável pela implementação, pelo planejamento e pelo controle do fluxo de armazenamento eficiente e econômico de produtos, além de tratar das informações relativas a ele, desde sua origem até o consumo final, com o objetivo de atender às necessidades dos clientes (Ietec, 2017).

A logística tem importância global na economia, pois constitui bases para o comércio e para a manutenção da riqueza nos países desenvolvidos. Um sistema eficiente proporciona um padrão elevado a determinada região com capacidade produtiva, permitindo que o custo do local (cidade, região, estado ou país) e a qualidade do produto ofertado sejam competitivos para qualquer outra região. Como exemplos, podemos citar a aviação dos Estados Unidos, a indústria eletrônica do Japão e a agricultura do Brasil.

Imagine como esses produtos e serviços seriam globalmente comercializados e acessados sem o apoio do processo logístico. Por esse motivo, os custos relacionados, são decisivos ao desenvolvimento comercial, uma vez que a compra e venda entre países ou regiões distintas é determinada pela diferença dos custos de produção de um local para o outro, o que pode compensar os custos de logística frente aos custos de produção.

Nesse ramo, as operações logísticas são classificadas em abastecimento, distribuição, manufatura, organizacional e reserva, como sumariza a Figura 3.1.

Figura 3.1 – Tipos de logística

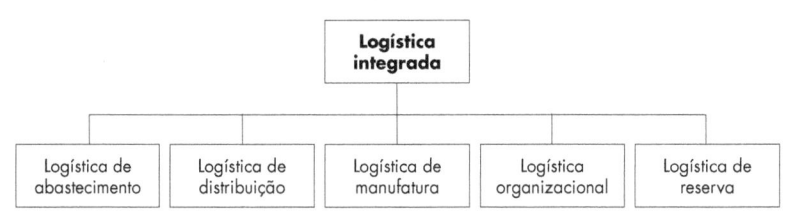

```
                    Logística
                    integrada
    ┌───────────┬───────────┬───────────┬───────────┐
 Logística de  Logística de  Logística de  Logística    Logística de
 abastecimento distribuição  manufatura   organizacional  reserva
```

Fonte: Elaborada com base em Franco; Maia, 2019.

Apresentamos, a seguir, as definições de cada um desses tipos.

Logística de abastecimento

Essa área da logística é responsável pela administração do transporte das matérias-primas de um fornecedor para a empresa, pelo descarregamento na entrega e pelo armazenamento. Além disso, promove a estruturação da modulação do abastecimento, que compõe a embalagem dos materiais, a gestão de retorno e a tomada das decisões relacionadas aos acordos no sistema de abastecimento da empresa.

Essa modalidade logística é estrategicamente delineada de acordo com o comportamento do consumidor e a demanda de regiões específicas, com o objetivo de proporcionar o mais ágil atendimento ao cliente.

Logística de distribuição

Essa área da logística é responsável pela gestão do centro de distribuição da empresa, como exemplifica a Figura 3.2, incluindo a localização das unidades de movimentação, o abastecimento do setor de pedidos e a controladoria de expedição, assim como pelo transporte de materiais entre fábricas e outros centros de distribuição.

Essa modalidade também promove a coordenação dos roteiros a serem seguidos pelos transportes urbanos em determinadas localidades.

Figura 3.2 – Exemplo de centro de distribuição

Logística de manufatura

Essa área da logística realiza a gestão de distribuição de materiais para o abastecimento dos postos de conformação e montagem de produtos, obedecendo às normas e datas estabelecidas pela coordenação de produção. Passam por ela componentes semiacabados que ainda estão em seu processo de montagem. Além disso, essa modalidade pode realizar o transporte de produtos finalizados para os locais de armazenamento.

Logística organizacional

Essa área da logística é responsável pelo sistema organizacional, que executa o planejamento, o controle e a execução da produção, desde a aquisição da matéria-prima até a distribuição do produto final para o consumidor, levando sempre em consideração o atendimento das necessidades do mercado atuante e adotando o menor custo possível. Dessa forma, mantém a empresa dentro do mercado competitivo e agrega valor ao consumidor, fatores fundamentais da sustentação de qualquer empresa, e não apenas para o varejo.

Logística de reserva

Essa nova área surgiu para gerenciar a logística empresarial relacionada à devolução de produtos ou de procedimentos de reciclagem, substituição de itens, reutilização e descarte apropriado de resíduos, reparos e remanufatura.

Em razão do aumento da necessidade desse trabalho e, após o processo de globalização, essa área ainda foi segmentada em administração de materiais, movimentação de materiais e distribuição física, compreendendo três subáreas, que se configuram da seguinte maneira:

- **Administração de materiais**: essa subárea é responsável pelas operações relacionadas ao fluxo de materiais e dados, desde o recebimento da matéria-prima até o início da produção na fábrica. Em outras palavras, é a disponibilidade de produção, que é composta pelos setores de suprimentos, transporte, armazenamento, planejamento e controle de estoque.
- **Movimentação de materiais**: essa subárea se refere ao transporte adequado dos produtos finalizados até o consumidor final. É composta pelos setores de planejamento e controle da produção, estoque e embalagem.
- **Distribuição física**: essa subárea é responsável por todas as operações relacionadas à transferência dos produtos comprados, desde o local de extração ou de fabricação até o local designado, com o objetivo de garantir que os produtos cheguem ao destino final, de modo e no tempo adequados. Essas condições, quando realizadas com sucesso, proporcionam vantagens comerciais e preços competitivos, pois concluem o processo de consumo entre a empresa que fabrica (ou revende) e o cliente. Nesse caso, atuam os setores de planejamento da distribuição, estoque, transporte e processamento de pedido.

Observe que a perspectiva da logística não deve ser limitada apenas ao transporte de um produto de um ponto A até um ponto B. O transporte de produtos pode ser realizado por diferentes modais (aéreo, rodoviário, marítimo ou ferroviário). A escolha dependerá dos cursos, das necessidades do local e da disponibilidade de malha ao modal.

Na prática, operações logísticas superam tal visão. O processo logístico é responsável, também, pelas **atividades primárias**, de movimentação de materiais (gestão do estoque) e processamento de pedidos, e pelas **atividades secundárias**, de armazenagem, manuseio dos materiais, embalagem e gerenciamento de dados.

As atividades primárias são essenciais para o alcance dos objetivos logísticos de custo e qualidade de serviço, visto que representam a maior parte dos custos logísticos totais. São também necessários à coordenação e ao cumprimento de entrega e recebimento de mercadorias.

Transporte, gestão de estoque e processamento de pedidos são exemplos de atividades primárias essenciais. Vejamos, a seguir, cada um deles.

Transporte

Essa atividade chega a absorver até dois terços dos custos logísticos. Contudo, é considerada essencial, já que toda empresa moderna opera com a movimentação de suas matérias-primas ou de seus produtos finalizados.

Para saber mais

O vídeo a seguir explica como funciona a logística de transporte, isto é, a utilização dos transportes no processo de produção de um produto, em sua condução da indústria, do centro de distribuição ou da empresa até o consumidor final.

FRANCO, T. **Logística de transporte**: o que você precisa saber! Disponível em: <https://www.youtube.com/watch?v=VlI_E1HKLvA>. Acesso em: 10 nov. 2021.

Gestão de estoque

Com o objetivo de manter a disponibilidade adequada de produtos, é necessário dispor de estoques, que são geridos de forma estratégica, conforme a oferta e a demanda. Uma gestão de sucesso é aquela que agrega valor de tempo ao produto.

Processamento de pedidos

É considerada uma etapa crítica, em razão do tempo necessário para se conduzir o produto até o consumidor final, fator que tem sido utilizado como abordagem estratégica à alavancagem de vendas.

Além das três atividades descritas, o processo logístico percorre **etapas secundárias**, ou seja, de apoio. São elas: armazenagem, manuseio de materiais, embalagem, obtenção e gestão de dados. A seguir, apresentamos cada uma delas.

Armazenagem

Essa atividade é responsável pela gestão do espaço necessário à movimentação e disposição de materiais. Para executá-la, é necessário um adequado sistema de gestão de estoque, que responda aos desafios relacionados à localização, à área disponível, às estratégias de distribuição e à configuração do armazém.

Manuseio de materiais

Atividade relacionada à gestão do estoque e à sua manutenção, envolvendo a movimentação do bem estocado dentro do local de armazenagem.

Embalagem

Atividade que tem o objetivo de assegurar o transporte do produto sem que ele sofra danos (salvaguarda), sendo bastante utilizada por operações de *e-commerce* como estratégia de encantamento ao cliente. A embalagem pode ser considerada como o "vendedor oculto" (um exemplo pode ser visto na Figura 3.3).

Figura 3.3 – Embalagem para presente

Obtenção

Essa atividade é responsável por deixar o bem disponível para o sistema logístico. Abrange a fonte dos suprimentos, as quantidades adquiridas e a programação de compra, assim como a forma pela qual o produto será obtido.

Gestão de dados

Toda organização logística precisa de gestão das informações de custo e de desempenho para operar de modo eficiente. Os dados coletados se referem à localização dos consumidores (cidade, região ou país), ao volume de vendas, ao padrão de entrega e aos níveis de estoque.

Resumidamente, as etapas dos processos que compõem a logística estão representadas na Figura 3.4.

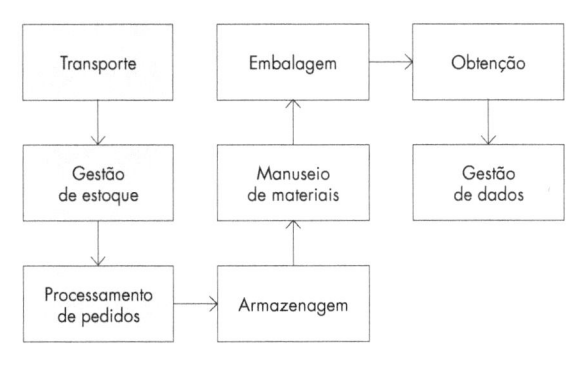

Figura 3.4 – Atividades logísticas

```
Transporte  →  Embalagem  →  Obtenção
    ↓             ↑              ↓
Gestão        Manuseio         Gestão
de estoque    de materiais     de dados
    ↓             ↑
Processamento →  Armazenagem
de pedidos
```

Fonte: Elaborada com base em Franco; Maia, 2019.

Os principais desafios desse processo estão relacionados a três tópicos principais:

1. gerenciar o processo logístico como um sistema;
2. melhorar a visibilidade do fluxo logístico;
3. diminuir o fluxo logístico.

São pontos que vão garantir o sucesso do processo logístico *Omnichannel*, assim como de qualquer outro.

Exercício resolvido

Um indivíduo, em suas redes sociais, recebe uma ação publicitária sobre um produto de seu interesse. No entanto, verifica que a empresa varejista não dispõe de loja física em sua cidade. Por esse motivo, realiza o pedido e efetua o pagamento via *site*, ou seja, efetua uma compra *on-line*.

Diante desse cenário, qual atividade primária da logística é responsável por fazer o produto comprado ir da empresa ou do centro de distribuição até a casa do cliente?

a. Gestão de estoque.
b. Processamento de pedidos.
c. Transporte.
d. Embalagem.

Gabarito: c

***Feedback* do exercício:** O transporte é uma atividade primária da logística, responsável pela movimentação dos produtos finalizados dentro do processo produtivo ou pela entrega ao consumidor final. Pode ser realizada por via terrestre, aérea, marítima ou ferroviária.

3.2 Logística aplicada ao *omnichannel*

A competição acirrada entre os agentes da cadeia de suprimentos por novos fluxos de receita indica que os serviços prestados aos consumidores tendem a se expandir, e uma das principais formas de consumir, na atualidade, é pela internet.

O *e-commerce* oferece às empresas opções para aumentar o escopo dos serviços, não apenas melhorando as operações *business-to-business* (B2B), mas também os serviços *business-to-consumer* (B2C).

O desenvolvimento do comércio eletrônico tem permitido que empresas tradicionais adotem estratégias de atendimento por meio de múltiplos canais, inicialmente, introduzindo vendas *on-line* juntamente à loja física, o que trouxe novos desafios às organizações.

Em razão dessas mudanças no cenário do varejo e do surgimento de canais *on-line* poderosos, a logística passou por significativas mudanças na última década. Gerenciar essas mudanças demanda um investimento expressivo em infraestrutura, processos e recursos para armazenamento e distribuição.

Com isso, a logística ganha importância, e os processos e investimentos precisam ser aprimorados para suprir a grande demanda, principalmente em termos de atendimento e distribuição.

À medida que as fronteiras entre os canais *on-line* e físicos estão se aproximando, o método de integração de canais se desenvolve. Este é denominado *varejo omnichannel*. Esse curso marca uma nova fase em que a tecnologia obscurece a distinção entre varejo físico e varejo *on-line*, e o uso de múltiplos canais durante o processo de consumo de um cliente se torna uma regra, não uma exceção.

As estruturas logísticas vêm se tornando cada vez mais complexas com o crescimento dos canais do mercado varejista, e a intensificação das vendas *on-line* significa a criação de novos modelos operacionais e logísticos, não apenas para complementar as lojas, mas também para atender diretamente os clientes.

Nesse contexto, os varejistas enfrentam o desafio de enviar as compras diretamente aos clientes e realinhar os processos para proporcionar uma perfeita experiência de compra.

No entanto, enquanto os consumidores escolhem seus canais favoritos com base em fatores tecnológicos, econômicos ou comportamentais, cada canal no sistema multicanal ainda tentará trabalhar de modo independente, a fim de otimizar seus produtos. O fato é que uma estratégia multicanal envolve a decisão de adicionar ou não novos canais aos já existentes.

Desde então, as empresas de varejo com múltiplos canais passaram por diferentes estágios nos níveis de interconexão e integração de ações de diferentes canais. Os lojistas comumente expandem seus negócios tradicionais de um único canal para uma logística multicanal.

Os sistemas multicanais consistem em canais independentes, desenvolvidos por empresas em resposta ao mundo transformado pelo comércio eletrônico e da tecnologia da informação. Operacionalmente, esses canais individuais funcionavam em paralelo e não eram coordenados. Com o desenvolvimento da integração de canais atingindo um nível mais alto de maturidade, a visão geral de todos os canais é disponibilizada aos consumidores e membros da cadeia de suprimentos.

Esse modelo transformou as funções tradicionais da cadeia de suprimentos, pois a cadeia de suprimentos *omnichannel* tornou-se uma recepção focada no consumidor, já que é um dos principais fatores que proporcionam satisfação ao cliente.

Nesse contexto, a integração de canais é classificada de acordo com quatro estágios principais:

1. ***Single channel*** (SC): a integração ocorre no momento em que o lojista opera por meio de um canal de vendas e comunicação e também na operação de apenas um sistema logístico. Assim, existe apenas um canal que pode ser *on-line* ou *off-line*.
2. ***Multichannel*** (MC): essa integração ocorre quando o lojista opera em múltiplos canais, porém suas unidades são segregadas, de modo que os consumidores obtêm os produtos na loja ou por meio de entrega diretas. Desse modo, os processos não são integrados se não houver logística entre os dois canais.
3. ***Crosschannel*** (CC): tem a finalidade de ser uma solução integrada para as empresas, objetivando atrair e reter os consumidores multicanais de valor alto, ocasionando um crescimento sustentável por meio dos benefícios da inovação, maior lucro e do relacionamento.
4. ***Omnichannel*** (OC): é um sistema que permite que os consumidores facilmente mudem de um canal para outro durante uma experiência de compra, com vistas a encontrar produtos em um canal (como o *site* da loja), realizar o pedido por outro canal (rede social), e solicitar a entrega de produtos em casa.

Tais estágios são representados na Figura 3.5, a seguir.

Figura 3.5 – Estágios de integração de canais

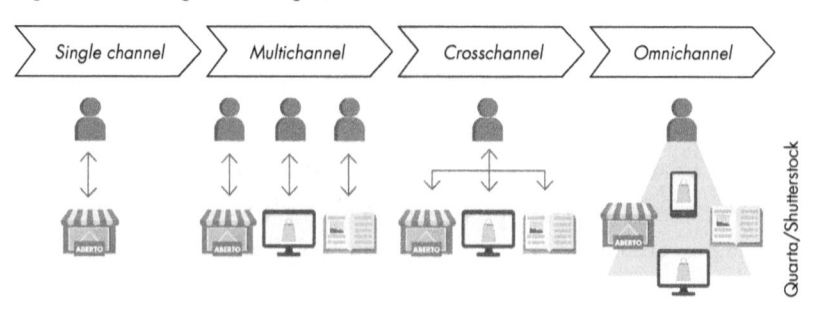

Fonte: Talin, 2021.

Portanto, com o uso do OC, do ponto de vista do cliente, não há mais diferença entre os canais tradicionais e os canais *on-line*, visto que a integração dos processos de negócios e a gestão colaborativa de vários canais são fatores que permitem aos clientes se movimentarem livremente e ao mesmo tempo entre os canais e, ainda, decidirem quando e como escolher os produtos de que necessitam.

Portanto, por meio do varejo OC, as empresas não apenas precisam ajustar seus serviços, mas também suas operações logísticas para que sejam eficientes entre os canais em uma experiência unificada.

Sob uma perspectiva operacional, novos e eficientes modelos de logística de negócios devem ser desenvolvidos para apoiar o processo de transição. A cadeia de suprimentos tradicional precisa ser redesenhada para esse novo tipo de varejo.

A integração mantém todos os fluxos físicos e de informações consistentes, permitindo um processo flexível de atendimento de pedidos. O objetivo da integração é criar sinergia entre todos os canais, principalmente em termos de disponibilidade de estoque.

Essa extensão melhora as opções de serviços para os clientes, a fim de que eles possam escolher o mais conveniente. O sistema integrado de gestão e atendimento de pedidos permite acesso a informações atualizadas sobre fornecedores, lojas e clientes *on-line*.

Para conseguir a integração, é necessário fazer investimentos e resolver questões como disponibilidade de produtos, devoluções, opções de entrega e gerenciamento de estoque no canal. A integração de canais pode ocorrer em várias configurações de distribuição e sistemas de tecnologia da informação.

Para conseguir tal integração, o sistema logístico demanda um adequado suporte tecnológico que sustente processos de tomada de decisão. Recursos computacionais e sistemas de gestão de informações podem ser usados para determinar decisões.

Nesse modo, o progresso tecnológico tem facilitado o acesso em tempo real aos dados da cadeia de suprimentos para que modelos de tomada de decisão possam ser utilizados na fase de execução.

Além da integração, a visibilidade do processo também é essencial porque permite que os clientes e outras partes interessadas tenham as informações necessárias no momento adequado. Juntos, esses dois facilitadores podem garantir uma visão única das informações técnicas do produto, do estoque, da localização, do transporte e da entrega na cadeia de suprimentos.

A eficiência do *omnichannel* não é apenas uma questão de aplicativos de tecnologia. A tendência de crescimento do modelo deve ser conceituada, e uma visão estrutural do sistema e seus componentes devem ser desenvolvidos.

No entanto, o cenário competitivo em constante mudança torna difícil projetar um sistema de distribuição eficiente. Um dos desafios da implantação do modelo *omnichannel* é saber como integrar e coordenar as operações logísticas dos canais tradicionais e dos canais *on-line* de maneira colaborativa, proporcionando uma experiência perfeita ao cliente independentemente do canal.

3.2.1 Integração logística

O *e-commerce* se diferencia do varejo tradicional em alguns aspectos, principalmente no processo logístico. Nesse caso, são exemplos: pontos de consolidação de carga, produtos de logística, separação de pedidos, processo de entrega etc. Portanto, as empresas necessitam adotar processos logísticos adequados aos processos *on-line*, que avaliem os *trade-offs* entre o método de integração e a separação entre os distintos canais.

O que é

Você sabe o que são *trade-offs*?

Trade-off é um conceito muito importante para a economia e diz respeito a uma decisão baseada na escolha de uma opção em detrimento de outra. No que se refere ao tema desta obra, o *trade-off* está relacionado ao abandono da estratégia tradicional de venda para a adoção da estratégia *omnichannel* (Lima, 2020b).

A seguir, apresentamos três aspectos da integração.

Consolidação de carga

No contexto *omnichannel*, a função da loja presencial pode afetar o sistema das lojas *on-line*, pois diversos aspectos devem ser considerados em todos os canais, entre os quais a disponibilidade de produtos, as opções de entrega, as devoluções, a posição de estoque e a gestão de inventário. Com isso, a consolidação de carga acontece quando mais de uma empresa necessita fazer uma entrega para a mesma região, bem como quando uma empresa necessita realizar mais de uma entrega na mesma região; em qualquer um dos casos, a carga é transportada conjuntamente.

Produto logístico

O produto ou bem comercializado é outro ponto de destaque na implementação da estratégia *omnichannel,* já que tem características específicas, como, por exemplo, questões de durabilidade e entrega, fatores que determinarão as tendências da cadeia de fornecimento logístico. Por esse motivo, devem ser minimamente analisados pelos gestores da empresa.

Processamento de pedidos

Compreende várias atividades relacionadas ao ciclo de pedidos como a preparação, a transmissão, o recebimento e a distribuição. Um dos maiores desafios logísticos na integração *omnichannel* é o atendimento de pedidos juntamente à disponibilidade de estoque, em virtude da necessidade de garantir que os produtos ou bens estejam estocados antes da consumação da compra, tanto via canal *on-line* quanto pela loja física, com vistas a fornecer uma visão geral do estoque e das reservas.

Segundo Bowersox, Closs e Cooper (2006), o processamento desses pedidos envolve os aspectos indicados na solicitação, incluindo o recebimento inicial do pedido, a entrega, o faturamento e a cobrança. Logo, o processamento de pedidos caracteriza-se por uma série de atividades desenvolvidas visando atender às demandas de mercado.

No que tange ao *omnichannel*, o processamento de pedidos deve ser capaz também de proporcionar uma experiência integrada em todos os canais. Isto é, gerenciar o processamento de pedidos emitidos por diferentes canais de modo eficaz.

Conforme Ballou (2010), diante da diversidade e da quantidade de produtos processados, o processamento de pedidos do varejo emprega um nível maior de automação se comparado à indústria. O emprego da internet tem possibilitado às organizações que operam nessa modalidade a redução de espaço em armazéns, a otimização dos níveis de estoque, a redução do tempo de manuseio e o maior monitoramento do progresso do pedido realizado pelo cliente. Na Figura 3.6, a seguir, é possível observar o recebimento do pedido, o processamento do pedido, a situação em trânsito do pedido, aguardando a confirmação de recebimento.

Figura 3.6 – Processamento de pedido varejo pela internet

Processando — Despachado — Em trânsito ····· Entregue

Avector/Shutterstock

No *omnichannel*, *o processamento* é caracterizado pela colocação de um pedido, e todo o seu acompanhamento para atendimento ocorre por meio de todos os canais, e não por somente uma parte deles. Pela lógica desse processamento, todas as partes interessadas (comprador, fornecedor, transportador etc.) realizam suas atividades de maneira integrada, compartilhando informações diretas e em tempo real, o que permite que os pedidos sejam realizados instantaneamente.

No que tange aos armazéns, são vários os processos desenvolvidos nesses espaços: recebimento, envio, transferências, seleção e preparação de pedidos (ou *picking*), classificação e *cross-docking*. Entre essas atividades, a preparação de pedidos tem sido identificada como a de maior custo logístico (Frazelle, 2002).

Não existe uma única classificação quanto aos métodos de preparação de pedidos. Autores como Dukic, Cesnik e Opetuk (2010) apresentam as seguintes modalidades: exclusivamente manual, com alguma automação e automatizados. Ainda segundo esses autores, o estudo sobre o tema tem sido ampliado, tanto que podemos observar mais propostas de processamento: operário ao produto (*picker-to-parts*); produto ao operário (*parts-to-picker*); baseado em listas de pedidos; e aqueles com diferentes níveis de automatização (*voice picking* ou "direção por voz", *RF scanning* ou "leitores de rádio-frequência", *pick-to-light* e *put-to-light* ou "direção por luz" e *picking by vision* ou "direcionamento por óculos").

Gerenciamento de estoques

Os principais desafios para esse setor estão relacionados às flutuações da demanda de determinado produto, interferindo diretamente no planejamento e na alocação da capacidade do estoque. Dessa forma, é uma tarefa complexa otimizar os níveis de estoque em uma cadeia de distribuição *omnichannel*, que pretende atender a diversos canais ao mesmo tempo, devendo existir, para isso, uma boa gestão dos estoques por meio da adoção de estratégias que se baseiem na sincronia entre suprimento e demanda.

A complexidade dessa tarefa pode ser observada em aspectos como a necessidade de uma precisa e tempestiva **visão geral de estoque e suas reservas** em toda rede de distribuição; um **posicionamento acurado de inventário** global com vistas a considerar o fluxo de transporte de itens despachados ao cliente; um **gerenciamento de devoluções**, a fim de disponibilizar, o mais rápido possível, a consulta de quantidades de itens trocados ou reembolsados pelos canais.

Gestão de ciclo de pedido

Um ciclo de pedido inicia-se com o alcance do consumidor ao produto e conduz o processo de compra até a sua entrega ou retirada. Esse tempo entre o pedido e a entrega é um grande desafio logístico para os varejistas, assim, a empresa que domina esse processo alcança altos níveis de satisfação do cliente. Dessa forma, sempre haverá pressões para a redução desse tempo.

Sistema de distribuição

Considerado o ponto mais crítico de todo o processo logístico, o sistema de distribuição consiste na última etapa de um serviço de entrega de determinado produto entre uma loja até o consumidor final. No caso das vendas *on-line*, torna-se o primeiro contato físico do varejista com seu cliente, por isso influencia diretamente a percepção do cliente sobre a empresa e seu nível de serviço.

Logística reversa

Representa o processo de devolução de produtos, seja por direito de arrependimento, seja por recebimento de um produto errado ou com defeito. Na estratégia *omnichannel*, essa modalidade logística também deve integrar todos os canais, propiciando que processos fluam entre os canais.

Exemplificando

Imagine um comércio varejista que atua por meio da estratégia de *omnichannel* e tem canais físicos e *on-line*. Ao efetuar uma compra *on-line* e receber um produto que não atende às suas necessidades, o cliente poderá iniciar o processo de devolução na loja física mais perto de sua casa ou da forma que lhe for mais conveniente.

Cada aspecto de integração precisa ser minunciosamente analisado com o objetivo de garantir a qualidade de todos os processos. Somente assim a organização alcançará a efetividade *omnichannel*.

Nas operações logísticas *omnichannel*, deve existir a integração das áreas nas organizações, pois as estratégias devem estar alinhadas para que as operações sejam realizadas de modo eficiente, e os sistemas de informação devem possibilitar essa integração.

"É importante pensar de forma sistêmica, alinhando as estratégias nos mais diferentes setores, *marketing*, tecnologia da informação, logística, etc." (Mendes, 2014, p. 16). O serviço de atendimento deve dispor das ferramentas necessárias para a resolução de problemas ou dúvidas, o *marketing* precisa propor ações efetivas, o sistema de gestão tem de possibilitar a sintonia das informações, as áreas administrativas e financeira devem desenvolver estratégias apropriadas para os canais, assim como para a cadeia de suprimentos. Todas as atividades da empresa, do recebimento à entrega, devem estar totalmente integradas e em harmonia.

Todas as áreas são essenciais nesse modelo, mas é preciso atenção redobrada quanto à logística, pois esta deve ser planejada adequadamente para que não aconteçam problemas, como a falta de estoques.

Estoque se refere aos bens físicos, qualquer que seja sua quantidade, que sejam mantidos, de forma improdutiva, por determinado intervalo de tempo. Os estoques existem porque as atividades industriais, comerciais e de serviços dependem de uma quantidade de produtos ou insumos que dê sustentabilidade a suas atividades para o atendimento aos clientes (Paoleschi, 2015).

Os estoques são essenciais para suprir a demanda dos clientes, e no *omnichannel* não é diferente, pois buscam uma experiência diferenciada nessa nova forma de contato, inclusive, a manutenção de estoques pode ser, em alguns casos, mais primordial do que nas relações tradicionais de contato com o cliente.

Mediante a observação da gestão de estoques, analisando as saídas de mercadorias, ou seja, os produtos que são vendidos, podem ser identificados os perfis dos consumidores e suas preferências, o que permite conhecê-los melhor.

Por meio das interações, várias informações sobre o comportamento do consumo dos clientes são geradas, o que possibilita à marca conhecer as preferências dos clientes, criando dados para ações de *marketing* e venda.

Por exemplo, a loja virtual tem acesso a dados que o cliente enviou no Facebook, a loja física acessa os dados gerados nas interações do cliente no aplicativo do celular, e o histórico de interações do cliente pode estar presente em todos os canais, esclarece Lima (2020b).

Para que exista a integração do ambiente *on-line* com o *off-line*, deve existir uma comunicação integrada entre as operações do comércio eletrônico e as operações das lojas físicas e das operações logísticas de todos os canais. Essa integração tem como base a comunicação, a emissão, o processamento e a recepção de mensagens.

De acordo com Reisswitz (2012), o ambiente empresarial de organizações que adotam o modelo integrado de comércio eletrônico tem várias subdivisões, evidenciando aspectos, valor, benefícios estratégicos e contribuições para o sucesso da empresa. Vejamos algumas dessas subdivisões:

- **Políticas e regras públicas**: referem-se aos aspectos legais de regulamentação dos setores de mercados e das normas oficiais.
- **Políticas e padrões técnicos**: compreendem os aspectos de padronização para compatibilização dos componentes do ambiente técnico, políticas de tratamento e comunicação de informações.
- **Infovia pública**: é a rede estabelecida tanto pela rede mundial da internet quanto pelos serviços *on-line* que tenham ligação com essa com ênfase na integração entre os vários ambientes sem nenhuma restrição.
- **Aplicações e serviços genéricos**: são aqueles disponibilizados pelo ambiente, por meio de seus provedores, serviços *on-line* e fornecedores, disponíveis a todos.
- **Aplicações de comércio eletrônico**: são aquelas desenvolvidas para atender às necessidades de uma organização ou de um grupo delas.

O essencial no conceito de *omnichannel* é a compreensão de reconstrução, tanto de estruturas quanto de processos, promovendo uma convergência de experiências do cliente e apresentando novas práticas de *marketing*. Essas práticas fazem com que o cliente passe a ser o agente ativo no processo de compra. Conforme Caminos et al. (2019), essa percepção de promoção, por parte da empresa e do cliente, acontece por meio da concretização de aparatos tecnológicos, plataformas unificadas e gerenciamento de canais e relacionamentos.

Dessa forma, para que exista a integração, devem ser introduzidas tecnologias de informação capazes de auxiliar os processos, assim como suas inovações, por isso, investimentos em *softwares* específicos são essenciais, bem como em aplicativos, *chatbots, business inteligence*, plataformas de pagamento, rastreamento de encomendas, sistemas de gestão, entre outros.

O *marketing* deve adotar estratégias eficazes alinhadas à área administrativa com o objetivo de promover os canais a buscar seus objetivos, que devem ser devidamente definidos, assim como de estabelecer um atendimento de excelência.

Os processos de estoque e logística devem dispor de sistemas integrados que determinem em tempo real suas atividades e qualquer alteração em busca da otimização, evitando erros ou prejuízos.

Para que a integração seja eficiente, eficaz e produza os resultados esperados, algumas atitudes devem ser pensadas envolvendo todos os canais, quais sejam:

- compreender os hábitos do consumidor, identificando suas necessidades, motivações e expectativas por meio do mapeamento de seu comportamento, com o objetivo de oferecer uma experiência interessante;
- considerar o consumidor como centro da experiência, por meio da disponibilização de produtos ou serviços que ele procura e espera;
- iniciar com os canais de maior adesão, implementando-os com prioridade e, ao longo do processo, incluir outros, sem esquecer da interação entre eles;
- dispor de tecnologias que tenham plataformas integradas e que disponibilizem as informações necessárias;
- eliminar barreiras por meio de processos ágeis e simples;
- disponibilizar opções para o consumidor realizar suas transações entre os diversos canais, seja compra, entrega, troca ou qualquer outra;

- estabelecer um relacionamento fazendo com que o consumidor se torne "fã" da marca por meio de um atendimento que o impressione;
- acompanhar o cliente na jornada de compra, auxiliando-o na tomada de decisões, por meio de informações e disponibilização de alternativas que possam ajudá-lo;
- dar atenção à loja física, cuidando dela, visto que ela é muito importante nas operações de integração de canais;
- empregar indicadores que auxiliarão na identificação de problemas e também de oportunidades;
- investir em mudança na cultura organizacional, pois toda a empresa deve estar preparada para essa integração e para entender sua importância para os negócios.

3.3 Implementação *omnichannel*

A ação de transição de um sistema logístico múltiplo para um sistema integrado sob a perspectiva *omnichannel* requer o desenvolvimento de três áreas principais:

1. Sortimento, pedido e estoque;
2. Entrega e retorno;
3. Empresa e sistemas de tecnologia da informação.

As duas primeiras se referem ao processo de integração de inventários e recebimento de pedidos por meio de todos os canais disponíveis. Geralmente, os varejistas tradicionais utilizam inventários e processos separados para loja física e loja *on-line*, tendo, cada um, seus estoques específicos. No modelo *omnichannel*, o ideal é o desenvolvimento de estoques integrados, permitindo uma alocação mais flexível de acordo a demanda, bem como a diminuição de custos.

Já a terceira área envolve a possibilidade de expansão da variedade de sortimento, proporcionando acréscimo de experiências por meio do canal de vendas *on-line*. Está relacionada, também, à integração do processo de distribuição de entrega e de retorno nos moldes *omnichannel*.

O Quadro 3.1 resume essas áreas do processo de transição de um modelo multicanal para o *omnichannel*.

Quadro 3.1 – Diferenças entre o multicanal e o *omnichannel*

	Multicanal	**Omnichannel**
Estoque	Estoque separado por canal	Estoque integrado com uma solução de armazenamento
Separação	Escolhe separadamente por canal	Aplica métodos de melhorias de processo na escolha entre canais
Sortimento	Oferece um conjunto limitado de produtos	Oferece um sortimento *on-line* mais extenso
Entrega	Entrega exclusivamente postal para pedidos *on-line*	Dispõe de serviços de entrega e coleta integralizados
Devolução	Só aceita devolução de produtos comprados *on-line* por meio de serviço postal	A devolução de mercadorias não é acoplada ao canal em que ele foi comprado
Organização	A responsabilidade das operações pelos canais é separada	Assume as operações por meio de uma única unidade logística integrada para coordenação dos canais
Tecnologia da informação	Sistemas separados e específicos por canal	Sistema de canal cruzado com acesso em tempo real

Fonte: Elaborado com base em Franco; Maia, 2019.

Cada uma dessas áreas da logística representa os parâmetros do projeto de transição a serem implantados no modelo *omnichannel*, oferecendo múltiplas opções para cada uma das variáveis apresentadas.

O Quadro 3.1 mostra as diferenças entre esses modelos empresariais de varejo, tanto em relação às suas variáveis logísticas quanto no setor de negócios.

É importante ressaltar que cada empresa varejista atinge certo grau de maturidade de implementação *omnichannel*, de acordo com o nível de tecnologia utilizado e a integração de seus sistemas.

Como exemplo, na prática de um serviço de entrega por meio do modelo *omnichannel*, a variável logística sobre o modo que ela pode acontecer apresenta as opções de entrega:

- em domicílio assistida;
- em domicílio não assistida;
- clique e colete na loja;
- clique e colete no centro de distribuição;
- clique e colete na transportadora.

Da mesma forma, a variável de velocidade de entrega apresenta as seguintes opções: entrega no mesmo dia; entrega no dia seguinte; ou entrega em mais dias, possibilitando uma faixa de tempo específica ou indefinida.

A área *estratégia de distribuição logística omnichannel* possibilita a expansão de áreas para entrega, podendo ser local, regional, nacional e até internacional, dependendo da capacidade e do alcance do varejista.

Por sua vez, o atendimento dos canais *omnichannel* pode ser realizado por meio de três graus de automação: manual, semiautomático ou totalmente automático. Trata-se de uma variável que depende do suporte de tecnologia da informação disponível pela empresa.

Do ponto de vista do varejo *omnichannel*, essas estratégias devem ser implementadas de acordo com as necessidades de consumo de seu público-alvo, proporcionando melhora do serviço ao cliente e agregando valor para ele. Para isso, as empresas precisam determinar a percepção do consumidor em relação a essa abordagem, seja na variedade de canais de comunicação, seja no prazo de entrega rápido, seja na experiência agregada.

Exercício resolvido

Com relação à implementação da logística *omnichannel*, Lyra (2018, p. 22) afirma:

> *sob o ponto de vista do consumidor pode-se afirmar que esse será beneficiado uma vez que poderá receber o produto mais rapidamente, independente da sua localização, principalmente se o mesmo utilizou uma loja online. Sob o ponto*

de vista do varejista os benefícios também existirão. É provável que as despesas de frete e movimentação de produtos também sejam reduzidas.

Há três áreas de implementação do sistema logístico *omnichannel*. Uma delas é a de **sortimento, pedido e estoque**; outra, de **entrega e retorno**. Qual é a terceira área?

   a. Atendimento e vendas, que otimiza os fluxos de transporte e reduz os prazos de entrega ao cliente. As entregas no prazo são um aspecto de satisfação ante a experiência do cliente.
   b. Empresa e sistemas de tecnologia, que auxilia no fornecimento de informações sobre a mercadoria disponível em toda a rede, incluindo mercadorias em trânsito.
   c. Devolução e organização, que amplia a visibilidade do inventário global, bem como aumenta a taxa de conversão de vendas da plataforma.
   d. Segurança e tecnologia, que auxilia a gerenciar completamente todo o inventário, bem como identifica as mais adequadas opções de entrega.

Gabarito: b

Feedback **do exercício**: As principais áreas para implementação de um sistema logístico sob a perspectiva *omnichannel* são: (1) sortimento, pedido e estoque; (2) entrega e retorno; e (3) empresa e sistemas de tecnologia da informação.

3.4 Percepção dos consumidores

A percepção pode ser entendida como a forma com que uma pessoa interpreta os sinais que compõem sua realidade, transformando-os em ações. Assim, no âmbito do *marketing*, tal percepção compreende a existência de um segmento de **teoria da percepção dos consumidores**, que descreve suas ações e suas escolhas de compra.

A esse respeito, Brandão (2009) destaca que "o assunto Percepção do consumidor é de extrema importância para a análise e o planejamento de produtos". Essa teoria da psicologia investiga, com auxílio do conceito do comportamento perceptivo, as características relacionadas ao dia a dia das pessoas, permitindo que tais dados sejam utilizados para a compreensão do perfil de consumo direcionado a uma empresa.

Desse modo, a ciência contribui para desvendar os comportamentos que fazem um indivíduo comprar, destrinchando seu processo perceptivo e demonstrando que duas pessoas com características semelhantes, como mesma faixa etária ou tipo de moradia, podem ter percepções diferentes. É como se duas irmãs, com a mesma idade e que tiveram a mesma criação, tenham uma percepção diferente a respeito de um produto ou serviço. Enquanto uma delas vê o produto como necessário, a outra pode achá-lo supérfluo.

O processo de desenvolvimento da percepção é construtivo, de modo que a reprodução interna daquilo que acontece no exterior nasce sob a forma de uma hipótese. A informação que chega aos receptores é analisada, da mesma forma que a informação proveniente da memória, o que contribui para a interpretação e a formação da representação.

É por meio da percepção que a informação é processada e que se consegue formar a ideia de um só objeto, o que significa que é possível atribuir diferentes qualidades a um mesmo objeto e uni-las, por intermédio da percepção, para determinar que ele seja um só.

Por isso, nesse procedimento, é importante compreender o **processo perceptivo**, e que ele é composto de dois elementos: sensações e interpretação.

1. **Sensações**: esse elemento descreve a forma como o corpo capta sinais do ambiente externo por meio dos órgãos sensoriais. O profissional envolvido no *marketing* deve compreender que seu produto precisa ser fora do comum, ou seja, ter destaque em relação aos concorrentes, para gerar uma emoção ou sensação.

    A percepção por intermédio dos sentidos pode ser de origem auditiva (sons), tátil (toque), olfativa (cheiros), gustativa (relacionada ao paladar) ou visual (cores e formas).

2. **Interpretação**: esse elemento organiza os sentimentos que o indivíduo tem em relação a determinado produto, serviço ou determinada situação, que, em seguida, transformam-se em interpretações.

Desse modo, a teoria da percepção possibilita atribuir diferentes significados a produtos que pretendem ser lançados no mercado, e o *marketing* – de maneira estratégica – age no sentido de estabelecer os métodos para se encaixar na percepção de necessidade dos consumidores.

Assim, esse conhecimento pode tornar seu processo construtivo muito mais fácil, pois sua empresa poderá detectar os comportamentos de seu público-alvo e oferecer produtos alinhados às suas perspectivas, com vistas a suprir seus desejos verdadeiramente.

3.5 O consumidor *omnichannel*

Ainda na perspectiva da percepção, as empresas varejistas precisam coordenar seus canais de venda de maneira sinérgica, com o objetivo de atender seu consumidor. O cliente *omnichannel* (Figura 3.7) detém características diferentes do cliente tradicional: uma delas é que aquele tem o hábito de comparar preços em lojas *on-line* e efetuar a compra através do canal que lhe oferecer maior vantagem, tanto com relação ao preço quanto em razão da comodidade.

Figura 3.7 – Cliente *omnichannel*

Observe que o *omnichannel* surge em decorrência do novo perfil de consumidor, que se mostra mais dinâmico e multicanal. Por isso, o objetivo é proporcionar uma adequada experiência de compra, com alinhamento entre diferentes canais.

Dessa forma, torna-se necessário o provimento de um atendimento especializado em todos os canais, já que o cliente se importa mais com a experiência proporcionada em todo o processo de compra do que com o canal escolhido para efetuá-la.

Como vimos, estar presente em vários canais não é o suficiente: os diferentes canais precisam ser totalmente integrados, refletindo a qualidade no atendimento ao consumidor e, também, o relacionamento com a marca.

Boas práticas para atrair o consumidor *omnichannel* abrem múltiplas possibilidades de consumo, pois permitem a finalização de uma compra pelo celular e o recebimento do produto em casa. Além disso, em caso de problemas, o cliente pode devolver o produto pelo meio mais fácil entre os diversos canais.

Os varejistas que melhor se adaptarem a essa realidade e desenvolverem as melhores experiências de consumo terão grandes chances de sucesso e fidelização de seus clientes.

3.6 Logística reversa em multicanais

A logística reversa, atualmente, é encarada como uma estratégia da organização, pois é parte integrante de seu planejamento como um subsistema dos processos logísticos como um todo, aumentando a competitividade e a otimização dos serviços.

Segundo Vieira (2009, p. 280), "a logística reversa é a área da logística que trata dos aspectos de retorno de produtos, embalagens ou materiais ao seu centro produtivo". O propósito dela é atuar no desenvolvimento econômico e social por meio de um conjunto de ações e métodos que buscam possibilitar a restituição dos resíduos sólidos ao domínio empresarial.

Sousa (2019) explica que a logística reversa tem como propósitos planejar, implementar e controlar de modo eficiente e eficaz o retorno ou a recuperação de produtos; a redução do consumo de matérias-primas;

a reciclagem, a substituição e a reutilização de materiais; a deposição de resíduos; a reparação e a refabricação de produtos.

Conforme Sousa (2019), o estudo da logística reversa incorporado no processo de gestão empresarial possibilitará a compreensão de uma nova proposta de valor, e, integrada com novos valores ambientais e sociais, essa modalidade de logística vai acarretar nos consumidores a ideia de diferencial e impulsionar nas empresas práticas mais sustentáveis de desenvolvimento.

Como a proposta do *omnichannel* é voltada para fazer com que o contato com o cliente seja para este uma experiência satisfatória, a devolução de produtos, embalagens ou as outras atividades relacionadas com a logística reversa também devem ser pensadas com a mesma finalidade. Isso requer flexibilidade, com a disponibilização de canais que melhor se adequem às exigências dos consumidores.

Conforme Weetman (2019), no *omnichannel* os clientes podem escolher formas eficientes e amigáveis de devolver produtos. Esse desejo acaba forçando as empresas a adequarem seus métodos de trabalho e adaptarem suas operações para promover os fluxos reversos.

Vários tipos de canais podem ser oferecidos, como, por exemplo, pontos de venda físicos, pontos de coleta ou até mesmo *showrooms*. O ideal é que exista uma comunicação efetiva no momento da compra com as indicações necessárias quanto a esses tipos de retornos, visto que a ausência de informações precisas pode acarretar insatisfação e ir contra a proposta inicial do *omnichannel*.

A comunicação e o relacionamento no modelo *omnichannel* devem possibilitar que o cliente seja atendido com eficiência em todo o ciclo de vendas e no pós-venda, explicam Alves e Baravelli (2019).

Exemplificando

Como vimos, a logística reversa de pós-venda compreende a devolução de produtos, que retornam ao estoque por diversas razões, como defeitos, avarias, erros de processamento de pedidos.

No *omnichannel*, a logística reversa representa um desafio, uma vez que, ao disponibilizar um modelo de consumo em canais, também deve dispor deste em demandas de trocas ou devoluções. Para maiores informações sobre a logística reversa aplicada ao *omnichannel*, indicamos a leitura do artigo a seguir.

BRANDÃO, B. **Logística reversa no e-commerce**: o que é e por que ela é importante para o seu negócio. 2019. Disponível em: <https://maplink.global/blog/logistica-reversa-e-commerce/>. Acesso em: 10 nov. 2021.

3.7 Gestão de estoques

O termo *estoque* se refere aos materiais ou suprimentos mantidos por uma empresa ou indústria, tendo o objetivo de fornecer matéria-prima ao processo de produção ou de ser vendido diretamente ao consumidor final.

A Figura 3.8, a seguir, mostra um estoque de uma grande empresa varejista.

Figura 3.8 – Estoque

A manutenção dos estoques requer grandes investimentos financeiros das organizações, de acordo com sua demanda e capacidade comercial. O custo de estocagem envolve: despesas de local de armazenagem (compra ou aluguel), seguro contra perdas de dados ou produtos, sistema de vigilância e segurança, mão de obra para administração, maquinário, entre outros.

Uma vez que todo custo impacta a determinação do preço do produto final, este precisa ser muito bem administrado, já que representa grande parcela monetária. Da mesma forma, toda loja que pretenda maximizar seus ganhos, precisará fazer um investimento significativo em seus processos de estoque, pois disponibilidade do produto significa poder de negociação no mercado.

Outro conceito importante é o de serviço ao cliente. Esse serviço é prestado desde a emissão do pedido até a entrega do produto, tendo em vista que o nível de serviço representa a satisfação do cliente com o serviço prestado. Ambos os conceitos estão diretamente ligados à gestão de estoques, pois a satisfação e a fidelização do cliente vão determinar os níveis de disponibilidade de estoque de diferentes produtos.

Contudo, todas as decisões que envolvem o estoque são influenciadas pela estratégia de produção e armazenamento da empresa, que pode trabalhar de acordo com duas modalidades de pedido:

1. *Make to order*: nessa modalidade de pedido, o cliente deverá aguardar que o produto comprado seja produzido, o que aumenta o período de entrega. Normalmente, é utilizada para produtos exclusivos ou pouco escaláveis, algo que também pode representar alto valor agregado.
2. *Make to stock*: nessa modalidade de pedido, o estoque fica disponível para atender às necessidades do cliente, diminuindo o tempo de entrega. Para isso, o processo produtivo é direcionado de acordo com uma perspectiva de venda ou previsão de demanda.

Em seguida, é importante definir a composição e a alocação da variedade de produtos por canal de venda – loja física, *on-line*, televendas, catálogos e redes sociais, entre outros. O *lead time* de atendimento ao cliente também será influenciado pela localidade dos estoques, como centros de distribuição, lojas físicas, fornecedores, parceiros etc.

O que é

O *lead time* se refere ao tempo gasto para determinada produção, tendo início com o pedido do cliente e indo até a entrega efetiva.

Nesse contexto, o foco do varejista está na manutenção do equilíbrio entre o nível de estoque e o nível de serviço prestado ao consumidor, agindo com vistas a minimizar o impacto financeiro provocado pela gestão do estoque e otimizando os processos internos da empresa.

A implementação de um modelo de gestão de estoque para empresas do varejo deve ser baseada em técnicas como: exposição de estoque de segurança; uso de inventário cíclico; delimitação de estoques mínimos e máximos; ponto de reposição; reposição periódica; reabastecimento automático, entre outras.

Além dessas técnicas, deve-se considerar a perspectiva de demanda de venda local, como o volume médio de vendas, dimensões de loja física, abrangência regional e público-alvo.

Do ponto de vista *omnichannel,* a gestão de estoque pode seguir os mesmos atributos, sendo otimizada pelo processo de integração e, com isso, permitindo que um estoque alocado fisicamente em apenas um canal de venda, como uma loja física, por exemplo, possa atender a todos os canais disponibilizados pela empresa.

A possibilidade de comprar por um canal e receber em outro tornou-se um desafio para o setor da cadeia de abastecimento, pois o estoque começa a ser compartilhado entre os canais de um modo mais dinâmico e sob a perspectiva do consumidor.

A integração dos canais proporciona o aumento do fluxo de consumo nas lojas físicas, podendo levar ao crescimento do número de vendas dentro de determinado período, que, consequentemente, levará à necessidade de revisão dos critérios que definem a quantidade de estoque da loja.

Outra situação recorrente se refere a um produto que não está disponível na loja física, mas apenas na loja *on-line,* fazendo com que o varejista precise remanejar seu estoque para atender às necessidades do consumidor da melhor forma possível, já que, no *omnichannel*, o estoque deixa de ser exclusivo apenas de um tipo de canal.

A integração dos canais proporciona uma melhor experiência de compra, tornando-a mais simples, rápida e prazerosa, uma vez que diversas possibilidades de atendimento são introduzidas, encurtando o relacionamento direto entre cliente e a marca.

Figura 3.9 – Canais de atendimento no *omnichannel*

JIMMOYHT/Shutterstock

Contudo, Lyra (2018, p. 54) chama a atenção para os desafios que essa integração pode demandar no que tange à gestão de estoque sob a perspectiva *omnichannel*:

> *Se por um lado o consumidor deseja comprar e receber o produto do varejista independente do canal utilizado para a compra, por outro lado existe um histórico na gestão dos estoques do varejo. Esse varejo tem seus processos de gestão de estoques desenvolvidos para atender lojas a partir de um depósito central ou até mesmo a partir do depósito do fornecedor. Mas o novo consumidor não vê dessa forma, demandando mudanças por parte do varejista para atendê-lo.*

Na alocação física do estoque no modelo tradicional, isto é, no que se refere à loja presencial, o estoque é destinado a atender somente à demanda local, ao passo que ao centro de distribuição cabe realizar a reposição ou venda de apenas um canal. Já no modelo *omnichannel*, o estoque é destinado a atender várias demandas de consumo, realizado por canais, independentemente da distribuição, sendo, inclusive, utilizado para repor os estoques das lojas físicas.

Ao adotar a estratégia *omnichannel*, o varejista utiliza sua gestão de estoque para proporcionar um melhor nível de serviço, com variedade de produtos e curto prazo de entrega, indicando que o estoque proporciona benefícios aos clientes, independentemente de onde estejam localizados. Os benefícios são múltiplos: para o consumidor, que obtém maior comodidade; e para o varejista, que aumenta sua demanda de vendas, além da possibilidade de redução de custos com fretes e movimentação de produtos.

Estoques quase parados nas lojas físicas podem, hoje, alcançar grandes movimentações em outros canais disponíveis, principalmente via consumo *on-line*. Portanto, os estoques integrados proporcionam maiores possibilidades de atendimento de pedidos.

Sob o aspecto prático, para a melhor utilização do estoque, o comerciante precisa determinar a origem do produto que será disponibilizada ao consumidor, com alguns pontos a ser considerados:

- De que forma e onde o consumidor deseja receber seu produto? Em casa? Na loja física?
- Qual a localização dos estoques da empresa? Centros de distribuição? Fornecedor direto? Loja física?
- Quais são as despesas de frete e movimentação de produtos?
- Qual a situação do estoque em relação à demanda prevista de venda?
- Existem produtos perecíveis? Quais as datas de validade?
- Existem produtos frágeis? Há restrição de movimentação?

Esses questionamentos fazem emergir alguns pontos de atenção para a empresa do varejo, como:

1. A nova função da loja física, atuando como um canal de experiência do produto: nela o consumidor pode tocar e experimentar diversos produtos.
2. A capacidade dos sistemas de informação para considerar todas as variáveis envolvidas, principalmente de integração de dados.
3. A garantia de processos que sustentem a coleta de dados para a tomada de decisões assertivas.
4. A necessidade de colaboradores capacitados para a gestão do sistema.

É essencial compreender que, apesar de todos os benefícios impostos pela implementação da gestão de estoque sob a perspectiva *omnichannel*, todos os pontos citados precisam ser muito bem analisados e estruturados.

Exercício resolvido

A famosa loja chinesa Ali Express alcançou grande sucesso no mercado mundial em decorrência da oferta de produtos com valores muito abaixo do mercado, em plataforma *on-line*. Um pedido efetuado no Brasil pode ser entregue ao consumidor em uma média de 30 a 90 dias. Esse longo período é justificado pelo tempo de produção e da logística do frete internacional entre o país de origem (China) e o Brasil.

Nesse caso, a modalidade do pedido escolhido foi a:

a. **Make to order**, na qual o cliente deverá aguardar que o produto comprado seja produzido pelo fornecedor, o que aumenta o período de entrega.
b. **Clique e leve**, no qual há pagamento digital e retirada física, ou seja, o cliente seleciona os produtos e realiza o pagamento, para posterior retirada em local e prazo acordados.
c. **Delivery**, no qual se realizam entregas de compras feitas pela internet, por aplicativos ou por telefone, diretamente onde o cliente deseja.
d. **Make to stock**, no qual o processo produtivo é direcionado conforme a perspectiva de venda ou previsão de demanda de mercado.

Gabarito: a

Feedback **do exercício**: Na modalidade de pedido *make to order*, o cliente deverá aguardar que o produto comprado seja produzido e que toda a sua logística seja finalizada, o que aumenta o período de entrega. Essa modalidade é normalmente utilizada para produtos exclusivos ou personalizados, fatores que agregam alto valor.

Apresentadas todas as características, todos os benefícios e desafios da gestão logística e de estoque no conceito *omnichannel*, esperamos que este material atue como balizador no processo de reestruturação da empresa em que você atua.

Visto que os benefícios são tangíveis (aumento de vendas) e intangíveis (qualidade dos serviços prestados), é compreensível que esse modelo seja referência para o futuro do varejo nacional e internacional, bem como para o impulsionamento do comércio remoto por meio de *sites*, redes sociais e diversos outros canais eletrônicos.

No entanto, como nada é de graça, os desafios são diretamente proporcionais aos benefícios, apresentando muitas perspectivas a serem gerenciadas, entre elas o alto custo de investimento em diversas áreas, como tecnologia, mão de obra qualificada, espaço, *marketing* digital e outras.

Atualmente, já temos muitas empresas que estão em busca da maturidade no *omnichannel* e na integração de seus processos. As organizações devem seguir esse ritmo, adequando-se e expandindo suas possibilidades, fazendo uso apropriado de vários canais.

O ambiente organizacional deve respirar o *omnichannel* no dia a dia de suas operações, permitindo que o produto seja entregue como foi prometido, proporcionando a melhor experiência possível.

O gerenciamento operacional é a principal função do negócio de serviços, pois é responsável pela gestão da entrega dos serviços por meio da equipe, das instalações físicas, dos sistemas e das tarefas em que os funcionários entram em contato diretamente com os clientes.

Contudo, é importante ver, na prática, como uma empresa pode construir um relacionamento próximo de seus clientes, lembrando que, para isso, é preciso saber onde o público-alvo está e como ele se comunica.

Da mesma forma, a comunicação e o atendimento ao cliente precisam ser impecáveis e transmitir a personalidade da empresa, sem esquecer, é claro, que a linguagem utilizada deve estar em harmonia com suas crenças, suas emoções e seus valores.

Esses conceitos vão nortear todo o caminho da uma empresa que deseja obter sucesso, realizando um movimento de dentro para fora, a fim de que toda a equipe tenha conhecimento sobre o método e viva os valores defendidos pela empresa.

Compreender a demanda do mercado auxilia na definição de estratégias para a formação de estoques, para as vendas e para atender com eficiência os potenciais clientes, bem como para compreender os clientes e identificar novas oportunidades de negócios.

A demanda, para Veríssimo (2018), é o número de unidades de determinada mercadoria ou de um serviço que os clientes estariam dispostos a comprar em certa unidade de tempo, em condições visíveis de ocasião, lugar e preço.

Os tipos de demanda, de acordo com Razzolini Filho (2012), são:

- **Demanda regular**: ocorre quando os padrões de demanda podem ser divididos em componentes de tendência que apresentam uma regularidade, sejam sazonais, sejam aleatórias, desde que as aleatórias constituam uma parte pequena das demais variações na série temporal considerada.
- **Demanda irregular**: incide quando a demanda é intermitente em termos de um baixo volume geral e da incerteza em relação a quando a demanda acontecerá e quais as quantidades serão demandadas.
- **Demanda dependente**: deriva de determinações definidas na programação de produtos de outros produtos, ou seja, quando a fabricação de um item depende da existência de outro.
- **Demanda independente**: é aquela gerada a partir de um número elevado de clientes que fazem compras individuais de parte do *mix* de produtos distribuídos pela organização.

Por meio da identificação da demanda, decisões como controle de estoque e planejamento de compras podem ser realizadas de modo mais eficiente, auxiliando até mesmo no relacionamento com os fornecedores e sendo possível uma negociação entre eles. A negociação com fornecedores se refere à busca de melhores resultados nas transações, que podem ser em relação a prazos, preços ou quantidades.

A otimização do transporte deve ser pensada para evitar atrasos nas entregas, devendo ser buscadas alternativas para evitar esse tipo de problema. O transporte é uma atividade que deve ser bem planejada, pois envolve a satisfação do cliente, os custos e a prestação de serviços de qualidade. Para isso, existem diversas formas que podem ser utilizadas nesses casos, como o *cross-docking*, que é o sistema de distribuição em centros para serem posteriormente entregues; a roteirização, que é o planejamento de roteiro de entregas; e o rastreamento de cargas, que poderá mostrar em tempo real qual a localização da mercadoria.

Outros cuidados que devem ser tomados para evitar atrasos nas entregas dizem respeito à disponibilidade de mercadorias, para isso, deve-se ter um sistema de informação que integre todos os dados e que seja confiável e atualizado em tempo real, e um planejamento de demandas compatíveis com as vendas.

3.7.1 Gestão de estoques no *omnichannel*

A gestão de estoque no *omnichannel* deve ser centralizada de forma a automatizar processos e canais, bem como disponibilizar uma visão global dos itens armazenados e pedidos processados. Tal centralização somente é possível se as interfaces estiverem integradas e constantemente atualizadas. Demonstrando a integração ao capturar, armazenar, analisar e distribuir os dados de modo acessível, ágil e tempestiva.

Assim, observa-se que gestão de estoque no *omnichannel* compreende a integração do estoque disponível *on-line* (alocado em centros de distribuição) ao estoque disponível fisicamente (lojas físicas).

Por esse viés, o emprego da tecnologia, na gestão de estoques *omnichannel,* é essencial. Entre os recursos de apoio à eficiência do estoque integrado constam:

- **Sistema de gestão de armazéns**, como o WMS, que poderá integrar e oferecer a visão de oferta de grandes volumes de itens em estoque. Por exemplo: indicar ao cliente a disponibilidade correta de cada item em sua consulta. Para tanto, é preciso dispor de informações atualizadas e compartilhadas em tempo real.
- **Sistemas ERP**, que reunirão dados de todas as interfaces em um único repositório.
- *Webstores*, que facilitarão a divulgação de itens, bem como o acesso ao público-alvo.
- **Sistemas de gestão de relacionamento com o cliente**, como o CRM, que registrarão os dados dos clientes (informações pessoais, histórico de interações, preferências etc.).

3.7.2 Gerenciamento de *cross-docking* e multi CD

O *cross-docking* é uma estratégia na qual os depósitos operam como pontos de coordenação de estoques, não como pontos de armazenagem. Nesse sistema, as mercadorias chegam nos depósitos, vindas do fabricante, são transferidas a veículos que atendem aos varejistas e entregues a estes o mais rápido possível (Simchi-Levi; Kaminsky; Simchi-Levi, 2010).

Quando os caminhões com as cargas dos fornecedores chegam até o depósito, os pedidos são separados e as cargas são movimentadas da área de recebimento para a expedição, saindo diretamente para os clientes. Assim, as mercadorias ficam pouco tempo no depósito.

> **Exemplificando**
>
> Uma empresa que buscou uma grande modernização em sua infraestrutura logística foi a P&G, por meio de várias melhorias envolvendo relacionamento com fornecedores, fluxo de informações na cadeia de suprimentos, introdução do *cross-docking* para que produtos não tivessem de passar por armazenagem e fossem diretamente para as prateleiras das lojas, poupando tempo e recursos, criação de duas centrais de distribuição e modernização de outra CD (Grant, 2013).

Outra estratégia muito utilizada pelas empresas que atuam no *e-commerce*, sobretudo no *omnichannel*, é o **multi CD**, que se baseia na descentralização do armazenamento de mercadorias. As empresas passam a ter diversos centros de distribuição espalhados por várias regiões que melhor atendem, em termos de espaço geográfico, e, com isso, buscam ter entregas mais rápidas, clientes mais satisfeitos e otimização nos serviços.

Assim que o cliente realiza a compra, o próprio sistema busca qual o centro de distribuição mais próximo para realizar a entrega, assim, o processo é agilizado e a entrega é realizada em tempos mais curtos.

3.7.3 Centros de distribuição de atendimento

Os centros de distribuição (CDs), segundo Brandalise (2017), são sistemas em que o estoque é colocado em diversos elos de uma cadeia de suprimentos (geralmente, distante dos centros produtores) com o propósito de possibilitar um rápido atendimento às necessidades dos clientes de determinada área geográfica.

Silva (2018), por seu turno, afirma que os centros de distribuição são formados por armazéns que consolidam produtos de múltiplos fornecedores ou produtos acabados para a consequente entrega. Eles podem ser próprios ou terceirizados e têm a finalidade de concentrar os recursos e a vantagem da localização geográfica, situando-se próximo aos pontos de abastecimento ou aos pontos de comercialização. Sua utilização permite o transporte de lotes maiores do fornecedor para o centro de distribuição ou da fábrica para este, otimizando recursos e diminuindo custos de transporte e tempos de entrega.

Nas operações *omnichannel*, os centros de distribuição podem funcionar para o atendimento das demandas que as lojas físicas não conseguirem suprir ou para servir como centros de devoluções e trocas; para realizar as entregas dos canais *on-line*, bem como para elevar a abrangência do atendimento e abarcar novas regiões que não faziam parte.

Assim, o fato de os centros de distribuição terem os produtos para pronta entrega e mais próximos do cliente final faz com que seu valor se eleve para o cliente, além de possibilitar uma gestão do fluxo de materiais de forma mais apropriada, proporcionando informações mais precisas sobre as necessidades dos clientes.

Síntese

Neste capítulo, você estudou:

- o conceito de logística e seus processos;
- a aplicação prática da logística do *omnichannel*;
- as principais vantagens e os maiores desafios da integração logística;
- cada passo da implementação do *omnichannel* em uma empresa;
- como se caracteriza a percepção dos consumidores;
- o perfil do consumidor *omnichannel*;
- as etapas da gestão de estoque sob a perspectiva *omnichannel*.

Omnichannel e-commerce

Conteúdos do capítulo:

- Comércio eletrônico.
- Compra *on-line*.
- Intangibilidade do produto ou serviço *on-line*.
- Serviços *on-line*.
- Consumidor *on-line*.
- Imagem e atributos da venda *on-line*.

Após o estudo deste capítulo, você será capaz de:

1. entender o conceito de *e-commerce* e sua aplicabilidade;
2. compreender o processo de uma compra *on-line*;
3. delinear os aspectos da intangibilidade de produtos *on-line*;
4. conhecer as características dos serviços *on-line*;
5. caracterizar o perfil do consumidor *on-line*;
6. descrever a influência da imagem da marca no processo de compra;
7. compreender os atributos da venda *on-line*.

Atualmente, o comércio eletrônico está sendo invadido por uma geração de consumidores que já nasceu em contato direto com a tecnologia, auxiliando em sua exploração e no desenvolvimento de nichos.

capítulo 4

O Brasil ultrapassou a marca de 45% da população com acesso à internet, o que representa um aumento de 1.500% em comparação aos anos de 2000 a 2012. Assim, existe uma média de 90 milhões de pessoas dispostas a consumir remotamente. Entretanto, a China se destacou no comércio eletrônico mundial, com um aumento de 1.766% no mesmo período, de modo que sua população alcançou um total de 22% de usuários da internet do mundo (Teixeira, 2015).

Para demosntrar a importância da estratégia multicanal no cenário atual, abordaremos, neste capítulo, os principais tópicos sobre o *e-commerce*. Inicialmente, trataremos do conceito, de sua aplicabilidade e de sua relação com o *omni-channel*; em seguida, descreveremos o processo de compra *on-line,* bem como analisaremos a intangibilidade dos produtos e serviços *on-line*. Descreveremos, ainda, as características dos serviços ofertados pelo *e-commerce* e delinearemos o perfil do consumidor do século XXI. Finalizaremos com a discussão a respeito da influência da imagem sobre a loja virtual e seus principais atributos.

4.1 Comércio eletrônico e o *omnichannel*

Também conhecido como *e-commerce*, o comércio eletrônico é considerado um dos principais canais de venda da atualidade, e a perspectiva é de que, futuramente, venha a ser o principal canal. Isso ocorre em razão das diversas oportunidades de negócios abrangidos pelo uso da internet, independentemente da hora ou do lugar.

Para Kotler (2000), a palavra *e-commerce* representa a diversidade de transações eletrônicas, como o recebimento e o envio de pedidos de compras entre fornecedores ou uma empresa e o consumidor final. Ainda de acordo com Kotler (2000), por trás dessas transações, existem dois fenômenos: a conectividade e a digitalização. As transações eletrônicas são classificadas em dois tipos: canais comerciais e internet.

Canais comerciais

Nesse canal, várias lojas disponibilizam serviços de informação e de *e-marketing* por meio de assinatura mensal, como, por exemplo, os portais de notícias, de educação, de viagens, de entretenimento etc.

Internet

Esse canal é similar a uma malha global de redes interconectadas, que possibilitam uma troca de informações instantânea e descentralizada. Pela internet, é possível comprar produtos, acessar notícias, receber e enviar *e-mails*, entre outras diversas funções comerciais.

Além de realizar compras pela internet, as transações bancárias (como compra e venda de ações) são consideradas um tipo de comércio eletrônico. Esse tipo de transação não será trabalhado nesta obra, já que o foco aqui recai sobre as compras *on-line* relacionadas ao comércio varejista de bens de consumo e/ou serviços.

A possibilidade de pesquisar preços na internet também aumenta a competitividade entre mercados, beneficiando o consumidor *on-line*, que encontra o melhor preço para o bem material ou o serviço de sua necessidade.

O *site* Zoom realiza uma busca simplificada, permitindo a comparação de preços de diversos produtos disponíveis no comércio eletrônico.

Nesse exemplo, é possível ver que, além da comparação de preços, o *site* ainda disponibiliza um resumo de histórico de preços, apresentando o menor valor no dia da pesquisa e nos últimos 40 dias. Também descreve essa variação em forma de gráficos dos últimos 6 meses.

O vendedor *on-line* deve atentar para alguns pontos, já que sua loja pode ser acessada por consumidores de outros países. Entre os principais pontos estão: cultura e adaptação.

A cultura é muito importante, por isso o *site* e os produtos comercializados devem permanecer neutros e ter a capacidade de se adaptar à personalidade do mercado de sua atuação.

No que se refere à cultura brasileira, como em todos os mercados mundiais, existem diferentes estilos, gostos, sabores e crenças. Por esse motivo, os produtos vendidos no *site* também devem respeitar a cultura de cada localidade.

Por sua vez, em termos de adaptação, uma loja virtual que pretende atingir o mercado global precisa ter a capacidade de ser traduzida na linguagem de seu consumidor. A utilização da língua local, que reduz as possibilidades de compreensão errônea, também faz com que o consumidor se sinta mais à vontade na hora da compra.

Embora o inglês seja considerado uma língua universal, a adaptação de um *site* ou projeto pode ajudar a atingir o objetivo do *e-commerce*, que é se comunicar diretamente com seus consumidores por meio de ferramentas *on-line*. Portanto, o ruído de comunicação deve ser reduzido ao mínimo.

Uma vez compreendido o mecanismo do *e-commerce*, é oportuno compreender sua relação com o tema desta obra, isto é, multicanais e *omnichannel*. Nesse viés, o *omnichannel e-commerce* visa à integração dos canais de venda e de atendimento ao atual modelo de consumidor digital, tanto *on-line* quanto *off-line*, oportunizando a este a escolha da forma que melhor se adapte às suas necessidades e preferências de busca e de consumo.

No *omnichannel e-commerce*, as mídias descritas são convergentes e integradas, com vistas a não limitar os espaços de "circulação" (*on-line* e *off-line*) e, assim, facilitar a relação entre empresa e cliente, bem como maximizar sua experiência. Aqui, destaca-se novamente a necessidade de observar que o conceito *multichannel* não se aplica, pois este designa operações realizadas através de vários canais sem que haja uma integração entre eles.

Para alinhar os temas *e-commerce* e *omnichannel*, é importante atentar ao fato de que eles correspondem a uma forma de organização do atendimento e das vendas de modo que o usuário disponha de igual tratamento, independentemente do canal por ele escolhido. Isto é, o que ocorre no digital deve ser replicado no *off-line*.

4.2 Compra *on-line*

Quando se trata de compras *on-line*, uma das primeiras coisas que devemos pensar é sobre autonomia, pois é extremamente interessante que o cliente possa adquirir um produto ou serviço sozinho. No entanto, o mundo da internet vive uma nova era de compras, na qual os consumidores também estão conectados entre si.

O atual consumidor já é *omnichannel* e, frente a isso, é premente que as empresas assumam uma forma de atendimento consistente e integrada em todos os seus canais de comunicação. Por exemplo: sabemos que as opções dentro do canal de venda *on-line* são muitas, sendo as principais as redes sociais e os *sites* de grandes e confiáveis lojas, no modelo *e-commerce omnichannel*, todas devem convergir.

Para saber mais

Para que você compreenda um pouco melhor sobre a segurança de compras *on-line*, veja o vídeo a seguir, que dá dicas importantes para os consumidores.

CANALTECH. **Como fazer compras pela internet com segurança?** Disponível em: <https://www.youtube.com/watch?v=QqqJtr-7DUk>. Acesso em: 10 nov. 2021.

Ao contrário das lojas de varejo tradicionais, não existe uma interconexão face a face entre as lojas *on-line* e os clientes, o que significa que são necessárias diferentes adaptabilidades e características. A forma com que as marcas se apresentam aos clientes e suas estratégias de retenção de atenção devem ser diferentes.

No *e-commerce*, os consumidores não podem tocar nos produtos ou testá-los, tendo de confiar no conteúdo, na funcionalidade, na consistência e em todos os outros atributos tangíveis apresentados.

No ambiente da loja é virtual, a interação ocorre por meio da internet, portanto, o *design* é muito importante para estabelecer uma comunicação entre consumidor e a organização. Por esse motivo, a arquitetura harmônica é necessária para que os consumidores não tenham interesse apenas em usá-la para comparação de preços, mas também realizar a compra.

O que é

O que é arquitetura harmônica de um *site*?

A arquitetura de um *site* se refere às implicações fundamentais de informação dispostas aos usuários. Para que ela seja considerada harmônica, faz-se necessário um adequado gerenciamento de informações, com o objetivo de se comunicar de modo mais simples e claro.

Com relação às razões que tornam os *e-commerces* cada vez mais importantes, a primeira, e talvez a mais destacada, é a conveniência e a liberdade atuais de acesso à informação e à tecnologia de que os consumidores dispõem. Atualmente, no mercado de bens de consumo de massa, uma empresa de médio porte da Bahia, que fica a poucas centenas de quilômetros de Minas Gerais, tem todas as condições para usufruir da mesma tecnologia dos concorrentes multinacionais.

Além disso, há ferramentas econômicas e de inteligência para questionar as preferências de consumidores distantes, incluindo pouca ou nenhuma dependência da mídia de massa. Com alguma criatividade, agora é possível questionar a relação entre o tamanho do orçamento e o valor da marca.

Não há mais segredos técnicos e industriais que garantam uma grande diferença entre a empresa e o campo das comunicações. De fato, produtos e serviços estão se tornando cada vez mais semelhantes em termos de funções e benefícios técnicos, o que torna a marca a base da diferenciação de compra.

No entanto, é necessário deixar de lado a simples ideia do logotipo (ou etiqueta) e entender a loja virtual como um sistema complexo composto por múltiplas camadas, considerando-a um órgão importante pelo seu valor agregado. Para se comunicar bem, a empresa não precisa de muitos recursos materiais.

Contudo, antes de comemorar os benefícios, devemos lembrar que uma grande quantidade de informações exige que os consumidores gastem mais tempo, o que pode trazer riscos e influenciar as decisões de compra.

Exemplificando

Um *site* bem-estruturado pode gerar uma receita de vendas enorme, que pode ser muito maior do que a de outros canais de venda. Mesmo na categoria em que a tecnologia sempre foi considerada uma "enorme diferença", os compromissos estão cada vez menos diretamente relacionados às diferenças tecnológicas.

Estamos cada vez mais envolvidos em uma variedade de atividades, obrigações e mudanças, e pouco tempo é dedicado à seleção e à compra de produtos e serviços. Essas coisas são muito importantes, mas muito menos do que o tempo que podemos gastar em lazer, família, amigos, cultura e esportes. Portanto, o processo de tomada de decisão e o tempo de compra tendem a ser mais curtos, mais sensíveis e cada vez mais relacionados aos interesses urgentes da satisfação emocional do consumidor.

Ao analisar a variedade de mercados, percebemos que, dentro de dez anos, existirão mais opções de produtos, e o estranho é que não há um grande número de produtos antigos desaparecendo.

Também devemos considerar que o fornecimento de produtos e serviços semelhantes aumentou, e as diferenças tecnológicas se tornaram uma mercadoria; é natural acreditar que ter uma marca forte e bem posicionada na mente dos consumidores é uma significativa diferença que deve ser buscada e mantida.

As pessoas avaliam suas lojas favoritas com base em vários critérios, incluindo os poderosos recursos (atributos) dos produtos ou serviços que cobrem, caracterizando que, independentemente da loja, o produto não altera sua função básica.

No ambiente remoto, existem poucas possibilidades para testar a maioria dos produtos que compramos. Já para as lojas, essa é uma grande oportunidade para influenciar e tomar decisões. Sem ignorar a importância da tecnologia do produto ou das diferenças funcionais, a tendência na maioria das categorias é que a imagem da loja seja cada vez mais importante para empresas e consumidores.

Em outras palavras, para não ficar "cheirando e sentindo" todos os produtos de que precisamos, usaremos a funcionalidade do *site*, os canais de atendimento ao cliente, a marca e seu logotipo gráfico (cor e *design* da embalagem) para decidir comprar. Afinal, temos coisas mais importantes para fazer com o nosso tempo.

Se uma empresa não entender completamente os sinais enviados pelo seu público, suas oportunidades de venda serão limitadas pelo nível de preços implementado; portanto, independentemente da escala, a dependência de "ficar mais barato" se tornará um fator de risco extremo. Preços baixos são fontes de uma demanda inesgotável!

Quando o produto entra no estágio de extrema concorrência e ciclo de vida maduro, o formato da loja *on-line* é particularmente valioso e relevante.

Em muitos casos, não há outra razão para os executivos tomarem decisões precipitadas sem revisar seu posicionamento e os reais motivos que levam os consumidores a mudar para outros símbolos.

Por exemplo, quando os concorrentes absorvem ou simplesmente copiam vantagens funcionais, isso é uma evidência desse momento. Quando os consumidores estão acostumados a benefícios funcionais, estão habituados a esses benefícios e não os consideram mais fatores relevantes, ou seja, vão pagar um preço alto por isso, pois julgam que vale a pena.

As empresas podem lidar com desafios no gerenciamento do comércio *on-line* e atualizações tecnológicas pelo caminho "do amor" ou pelo "da dor".

A experiência prática constatou que a maioria das empresas só descobre essas obrigações quando é quase impossível detectar e controlar os riscos, as ameaças e as oportunidades de seus canais. Nesse ponto, deve-se entender a experiência de venda *on-line* como um ativo financeiro.

Como já mencionamos, o comportamento do consumidor no Brasil se encaixa perfeitamente no mercado mais maduro do mundo. Portanto, o valor percebido pelos consumidores está intimamente relacionado à sua decisão de compra.

Um *site* bem-estruturado influencia a percepção dos atributos físicos e funcionais de um produto ou serviço e pode ser usado como um indicador de fonte e qualidade, dando a um produto uma personalidade e um conjunto de valores, tornando-o distinto dos concorrentes no ponto de venda.

Sob a perspectiva da teoria do *marketing* e do comportamento do consumidor, vários conceitos de valor podem ser determinados: pode ser expresso em termos de **valor financeiro** do produto, **valor econômico**, **utilidade econômica** ou **valor do consumidor**.

No entanto, ainda existe uma lacuna no conceito unificado de percepção do consumidor sobre o valor do *e-commerce*. Alguns pesquisadores propuseram conceitos e métodos para esse fim, mas ainda não há consenso a esse respeito.

Para todos os perfis de consumidores, a praticidade oferecida pela internet é parte vital do processo de decisão de compra, conforme descreve Martins (2006, p. 231):

> *Uma vez reconhecidas pelo consumidor, as lojas online geram um conjunto de associações que constituem a imagem da marca para os consumidores no mercado;*
>
> *Em processos de decisão repetitivos, quando o consumidor identifica (por experiência própria ou por influência da propaganda) uma determinada loja como sendo satisfatória, esta tende a se tornar sua escolha habitual. Essa preferência configura a lealdade do consumidor à marca;*
>
> *Comprovou-se empiricamente que a visibilidade da loja online influencia as avaliações dos produtos por parte dos consumidores, ou seja, que o nome da marca é usado em maior ou menor grau como uma heurística para avaliação a priori do produto;*

Vistos dentro do contexto da empresa, os canais online representam um ativo que, por vezes, é o principal responsável pelo preço relativo à avaliação tradicional pago em operações de fusão e aquisição.

Ainda segundo Martins (2006), as extensões de criação de valor percebido são:

- **Fidelidade**: refere-se ao grau de ligação entre o consumidor e a loja.
- **Consciência**: diz respeito à habilidade da loja em ser reconhecida pelo consumidor como parte de uma categoria de produtos.
- **Nome e símbolos**: são os elementos gráficos ou a identidade visual que identificam a marca para o mercado.
- **Qualidade**: é o grau de percepção da loja pelo consumidor, que reconhece a superioridade de um produto ou serviço com relação às alternativas disponíveis.
- **Associações**: referem-se a um conjunto de significados que o consumidor atribui a determinada loja.

Exercício resolvido

O consumidor do século XXI, em suas redes sociais, recebe uma propaganda de um produto que atende à sua necessidade do momento. Contudo, verifica que a loja não dispõe de canal físico, ou seja, é um *e-commerce*. Por esse motivo, faz o pedido e efetua o pagamento via aplicativo da marca, realizando uma compra *on-line*.

Nesse contexto, os dois principais fenômenos que possibilitam a compra *on-line* são:

a. gestão de estoque e *sites* automatizados.
b. processamento do pedido e logística de entrega.
c. canais comerciais e internet.
d. embalagem e qualidade do produto.

Gabarito: c

***Feedback* do exercício:** Os principais fenômenos envolvidos no processo de compra *on-line* são os canais comerciais e a própria internet. No primeiro, várias lojas disponibilizam serviços de informação e de *e-marketing*, mediante assinatura mensal. Já o segundo é desenvolvido de maneira similar a uma malha global de redes interconectadas, que possibilita uma troca de informações instantânea e descentralizada.

4.3 Intangibilidade do produto ou serviço *on-line*

Todos os produtos e serviços *on-line* têm certo grau de intangibilidade. Por exemplo: as companhias aéreas são altamente intangíveis. Ainda que a maioria dos produtos (passagem, voos, serviço de bordo, entre outros) seja totalmente visível e tátil, o serviço que a empresa vende é algo que não pode ser testado antes da compra.

Compreender a intangibilidade de um produto ou serviço pode afetar a definição de estratégias de vendas e pós-venda *on-line*; para os consumidores, por sua vez, há a dificuldade de testar um serviço antes de comprar, que é obviamente muito mais difícil do que quando se trata de um produto, mas fatores intangíveis são muito importantes para convencer os consumidores nos dois formatos.

Embora muitos executivos tenham dificuldade em entender a composição dos ativos intangíveis, e mesmo quando duvidam de que sejam relevantes e mensuráveis para a composição da riqueza da empresa, muitas de suas decisões operacionais envolvem a promoção de bens e serviços, entre elas: comunicar, aceitar, controlar e gerenciar as necessidades de riscos não materiais; e fatores de oportunidade nas vendas e no pós-venda.

Também foram realizadas pesquisas sobre informações de mercado, histórico das empresas etc., mas relatadas apenas de modo descritivo. Independentemente do nível técnico da coleta e pesquisa de informações, sempre é possível conceder empréstimos à empresa errada e, independentemente do nível de garantia ou do nível de elaboração do contrato, quase não há chance de recuperar o principal e os juros.

Os principais fatores de riscos, ameaças e oportunidades não estão no balanço, mas sim no "chão de fábrica". Ao limpar a fábrica, a atitude moral dos empresários, a qualidade do produto, o comportamento dos funcionários e um grande número de fatores relacionados não estão no balanço. E longe da sede do banco.

Essas observações têm a intenção de chamar a atenção para os fatores intangíveis na análise do comércio varejista *on-line*, fazendo com que você reflita sobre este questionamento bastante atual: Afinal, quanto vale um *e-commerce*?

O fato é que os elementos financeiros da avaliação são relevantes, mas não devem ser usados como o único direcionador dos níveis de risco. Os aspectos intangíveis são muito importantes e, geralmente, são o fator de sucesso ou de fracasso da organização.

Esses sinais revelam muitas coisas, incluindo a compreensão do papel social dos empreendedores. Acredita-se que pessoas com essa visão sejam devedores com níveis de risco reduzidos. Se as coisas não derem certo, farão tudo o que puderem para resolver o problema sem prejudicar seus próprios interesses e seu senso de responsabilidade, especialmente com a sociedade, com funcionários e com suas famílias.

Quando alguém planeja investir em bens ou serviços, a desconfiança também envolve o pensamento das pessoas, tendo, como fonte de informação, apenas referências ou experiências de consumo de outros.

Quando as pessoas não podem experimentar um produto ou serviço antes de comprar, elas pensam tratar-se de uma "promessa de satisfação". Mesmo que ela tenha diversas informações sobre medidas, especificidades, processo de produção diferenciado, tudo é apenas uma promessa que só será consolidada após a compra.

Dependendo de certas características dos bens ou serviços (*design*, preço, promoção, fama, comunicação, credibilidade), o nível de exigência por parte dos consumidores pode ser maior. Em outros casos, a expectativa pode ser um pouco mais baixa, e os consumidores acabam tomando a decisão de compra com base no preço.

Somente quando entendermos que todos os serviços ou produtos devem cumprir a promessa de atender às necessidades dos consumidores é que podemos acreditar na ideia de *valor* da empresa, independentemente de essas necessidades serem pequenas ou muito específicas.

Um indicador importante da capacidade de um produto ou serviço cumprir sua promessa é a "aparência". É por isso que muitas empresas investem pesadamente na estética de seus produtos e na imagem emocional de seus serviços, como reputação, credibilidade e *sites* de luxo ou de alta tecnologia.

Muitos consumidores consideram a aparência um bom indicador da qualidade da empresa, embora muitas experiências tenham demonstrado que isso não garante satisfação ou segurança. Além disso, o crescimento da internet aprimorou a representação da reputação nas decisões de compra em detrimento do aumento da relevância da aparência de produtos, empresas e serviços.

Geralmente, a maneira como o produto é embalado (caixa, portfólio de produtos, embalagem, *design*), como o produto é exibido e entregue e quem o fornece são alguns dos fatores que ajudam o consumidor a tomar decisões de compra.

No entanto, a maioria das empresas e pessoas se esquece de que emoções e opiniões são importantes forças motrizes na decisão de comprar. Por mais competente que a organização seja, todas elas são lideradas por pessoas que, em algum momento, cometerão erros e prejudicarão a imagem da marca com informações insuficientes, fato que afeta diretamente sua capacidade futura de gerar renda. É por isso que entendemos e analisamos os aspectos intangíveis da criação, do gerenciamento e da avaliação de uma loja *on-line*.

4.4 Serviços *on-line*

O setor de serviços, por exemplo, vem gerando grande movimentação na economia global, mas seguir exatamente as estratégias utilizadas para promover produtos pode não ser uma boa ideia. Em vez disso, é necessário adotar métodos específicos, que auxiliem a convencer os clientes, assim como que atendam às suas expectativas de consumo.

Nesse contexto, nas últimas décadas, os serviços tornaram-se uma parcela significativa da economia, e o setor terciário envolve diversas atividades essenciais, emprega grande parte da população e contribui expressivamente para o Produto Interno Bruto (PIB) dos países, principalmente nos países industrializados.

O serviço tem, em sua natureza, diversas particularidades que exigem desafios diferenciados, e sua definição tem sido considerada complexa, pois o termo pode compreender várias atividades diversas, tanto no âmbito empresarial quanto no individual e no governamental, o que exige uma definição ampla e extensa (Kotler, 2000).

Isso ocorre porque o serviço tem atributos distintos do produto físico. Este é uma ação ou uma *performance* que é oferecida por uma parte a outra parte. Esse método também pode conter uma conexão transitória com o produto físico, com um caráter intangível e, em regra, não deriva em propriedade dos fatores de produção.

Um serviço é uma atividade econômica que cria valor e proporciona benefícios a clientes em horários e locais específicos, efetuando uma mudança desejada em quem recebe o serviço ou em seu nome.

O serviço também é um produto, contudo, é intangível e, por isso, não pode ser carregado nem guardado. O serviço deve ser vendido diretamente ao comprador e é algo perecível.

Para Keller (2006, p. 297), "o serviço é qualquer ato ou desempenho, essencialmente intangível, que uma parte pode oferecer à outra e não resulta na propriedade de nada. A execução de um serviço pode estar ou não ligada a um produto concreto".

A primeira peculiaridade está no fato de que o cliente não pode obter a posse de um serviço; essa é, também, a principal diferença entre um bem e um serviço, já que, na maioria dos casos, o cliente não obterá a propriedade de qualquer bem tangível.

Por conseguinte, o serviço é instantâneo e não pode ser estocado, mesmo que haja locações físicas e utensílios, isso significa apenas a capacidade produtiva que permite que o serviço seja adequadamente produzido ou realizado.

Por seu caráter imaterial, há também, no serviço, atributos da intangibilidade, como a qualidade do atendimento ao cliente (algo que não pode ser transportado, apesar de, por várias vezes, durante um serviço ser necessário o uso de ferramentas tangíveis).

Outro problema é que os clientes podem participar da produção de serviços, razão pela qual produzem e consomem ao mesmo tempo, não podendo, em tais casos, estar separados, como é o caso dos cursos, por exemplo, que o "cliente" precisa frequentar.

Existe grande variabilidade entre os produtos de entrada e de operação, o que está relacionado à alta possibilidade de erros na entrega final, sendo difícil proteger os clientes contra falhas que ocorrem ao receber serviços em tempo real.

Quando há profissionais e outros clientes, é difícil ter um controle padrão e de alta qualidade, porque isso dependerá de outros fatores, para além do controle da organização. Se o serviço for realizado na ausência do cliente, será mais fácil manter os padrões de controle e qualidade, pois ele pode ser verificado antes da entrega, como um reparo mecânico, por exemplo.

Outro fator importante está na dificuldade para os clientes avaliarem vários serviços, porque geralmente não entendem o tipo de experiência que consomem. Esses são os serviços técnicos que requerem conhecimentos específicos do fornecedor.

Isso também pode acontecer para serviços que só podem ser identificados após ou durante o consumo, diferentemente dos produtos físicos, que podem ser avaliados antes da compra.

Essa dificuldade pode ser amenizada pelo *marketing* de serviços, já que ele ajuda significativamente os clientes a ajustarem suas necessidades aos serviços, com muita informação clara e assertiva, por meio dos canais de comunicação *on-line*, quanto ao que o cliente irá receber antes, durante e depois da compra.

Além disso, o fator *tempo* é extremamente relevante, porque a velocidade do serviço é considerada uma característica de qualidade, e muitos clientes estão dispostos a pagar mais por um serviço mais rápido. Portanto, entender o período de tempo que as pessoas estão dispostas a esperar, suas necessidades e suas prioridades é crucial para que o *e-commerce* desenvolva métodos para aliviar o tempo de espera ou acelerar a entrega.

Por fim, para enfatizar os canais de distribuição e, com o avanço das novas tecnologias, as vias de logística aparecem sob diferentes formas todos os dias. Portanto, empresas de todos os tamanhos podem, quase instantaneamente, fornecer serviços embasados em informações pela internet.

Além disso, as empresas também podem combinar canais físicos e *on-line*, como os bancos que prestam serviços pessoalmente no caixa e por meio de aplicativo próprio.

O *Bankline* é um serviço bancário *on-line* prestado pelo Banco Itaú Unibanco que pode ser acessado pelo computador ou celular (aplicativo), sendo possível realizar todas as transações financeiras de qualquer lugar, já que oferece diversas facilidades a seus usuários.

Para além dessas distinções, os serviços podem ser categorizados de acordo com seu processo de criação e entrega, podendo ser sendo simples ou complexos; esse processamento pode ter uma natureza tangível ou intangível, e são essenciais para a gestão *on-line*, para o operacional e para o setor de recursos humanos de uma organização, tendo diferentes implicações.

A primeira categoria faz referência ao processamento de pessoas, no qual o cliente deve participar ativamente do processo do serviço, com um alto nível de envolvimento.

Já no processamento de posses, o cliente tem a função apenas de solicitar o serviço de que precisa, pagar a conta, que pode ser antecipada ou não, e depois recebê-lo em casa.

Quanto ao processamento de estímulo mental, este diz respeito aos serviços que agem diretamente na mente das pessoas, como educação, noticiários ou qualquer coisa que tenha o poder de influenciar comportamentos de alguma forma.

Já no processamento de informação, os serviços são dirigidos aos ativos intangíveis como serviços jurídicos, de contabilidade, de pesquisa de mercado e de consultoria em gestão.

Resumidamente, o serviço tem cinco características principais de interesse: intangibilidade, perecibilidade, heterogeneidade, simultaneidade e participação do cliente no processo. Vejamos cada uma delas.

- **Intangibilidade**: refere-se ao fato de que serviços não podem ser tocados ou apalpados. Serviços são processos, ideias e conceitos que atendem a determinada necessidade. Não são patenteáveis. Dessa forma, o consumidor se baseia na reputação de uma marca ou empresa.
- **Perecibilidade**: não há a possibilidade de um serviço ser estocado; quando não utilizado, ele simplesmente deixa de existir. Por exemplo, um assento em um voo comercial, um quarto em hotel etc.
- **Heterogeneidade**: também conhecido como *variabilidade*, refere-se à ideia de que um serviço pode variar de cliente para cliente. Normalmente, os serviços são atividades voltadas para os clientes.
- **Simultaneidade**: é a forma como a maioria dos serviços são criados e consumidos no mesmo momento, pela internet.
- **Participação do cliente no processo**: é a possibilidade de acompanhamento da execução do serviço, de dedicar atenção ao desenho das instalações e às oportunidades de coprodução. Por exemplo, serviços de personalização.

Exercício resolvido

A implementação de um canal de venda *on-line*, sob o ponto de vista do consumidor, apresenta benefícios, uma vez que este poderá escolher seu produto e recebê-lo no conforto de sua casa mais rapidamente. É todo um processo que acontece independentemente da localização ou do momento da compra.

De acordo com o que foi estudado, o serviço *on-line* é considerado um produto:

a. tangível.
b. intangível.
c. robusto.
d. de alto valor.

Gabarito: b

Feedback **do exercício:** O serviço é um produto de característica intangível, pois não pode ser carregado nem guardado, deve ser vendido diretamente ao comprador e é perecível.

4.5 Consumidor *on-line*

O comportamento do consumidor *on-line* é definido pelo processo de troca entre o comprador e o vendedor (*e-commerce*), tanto na experiência de consumo quanto na pós-compra. Como já comentado, o novo consumidor de *e-commerce* já é *omnichannel*, sendo denominado **omnishopper**.

Esse comportamento, com maior frequência, determina como deseja atuar no momento de sua pesquisa, escolha e compra, ao empregar múltiplos canais em suas operações.

O ser humano, naturalmente, tem necessidades primárias e secundárias, que são influenciadas pelo momento ou pelo que está fazendo. Em um artigo intitulado "Uma teoria da motivação humana", de 1943, Abraham Maslow desenvolveu a pirâmide das necessidades humanas (Figura 4.1).

Figura 4.1 – Pirâmide das necessidades humanas

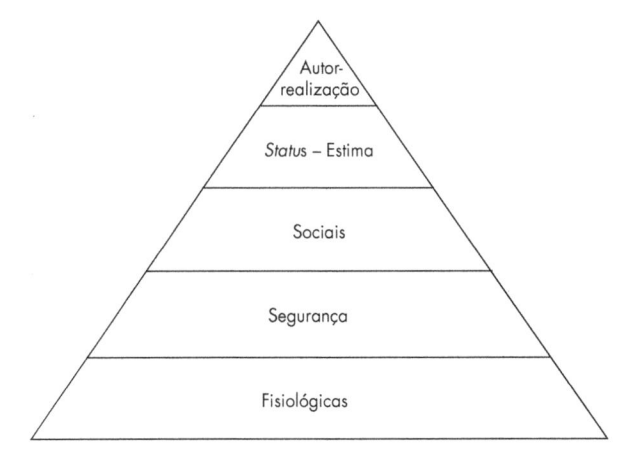

Fonte: Brasil, 2018.

As **necessidades fisiológicas,** como sede, fome, sono, entre outras, independem de gênero, raça ou classe social, sendo inerentes a qualquer ser humano. As **necessidades de segurança** (defesa, proteção, emprego, abrigo), juntamente às fisiológicas, são consideradas básicas porque precisam ser supridas para que se chegue às demais necessidades (em direção ao topo da pirâmide).

Já as **necessidades sociais** estão relacionadas ao conectar, proporcionar e receber amor e sentir-se parte de um grupo, o que se confunde com necessidades individuais, pois não têm a mesma intensidade de uma pessoa para outra.

Assim, as motivações de uma pessoa, sejam de consumo ou de qualquer outra natureza, são resultados da interação do indivíduo com o ambiente que o cerca, podendo ser classificadas em:

- **Necessidades de afiliação**: refere-se ao desejo natural de fazer parte de uma família ou de um grupo social, ou seja, de sentir-se inserido.
- **Necessidades de poder**: refere-se ao desejo de poder controlar e influenciar outras pessoas e é relacionada ao interesse de adquirir prestígio e reputação no meio social ou no trabalho.
- **Necessidades de realização**: refere-se ao desejo de se sentir satisfeito ao alcançar determinada meta ou um objetivo. É motivada pelo sentimento de conquista e de reconhecimento externo, de acordo com o que foi realizado.

No que se refere ao mundo virtual, a motivação está relacionada com cinco atitudes principais de utilização da internet:

1. **Escapismo social**: diz respeito ao desejo de fugir da sua realidade, por parte do usuária da internet, buscando um ambiente virtual confortável. Em muitos casos, também pode estar associado à superação da solidão e até da depressão.
2. **Necessidade de informação**: está ligada à constante necessidade de se obter informação, de forma rápida e prática, e a internet, bem como as redes sociais, suprem essa necessidade muito bem.

3. **Controle e interação**: somente por meio da internet é possível ter acesso a conteúdos específicos, atendendo à necessidade imediata do consumidor. Por exemplo, antes da internet, as pessoas eram obrigadas a esperar a programação da TV ou a estreia em cinemas para assistir a um filme, ao passo que, hoje, estão disponíveis diversas plataformas de *streaming* que atendem a esse fim.

O que é

O que é uma plataforma de *streaming*?

Trata-se de uma tecnologia que oferece ao usuário o acesso a diversos conteúdos audiovisuais, por meio da transferência de dados, com o uso de internet. São utilizadas para assistir a filmes, seriados e diversos outros programas. Um exemplo é a Netflix.

4. **Socialização**: esse é o fator motivacional que explica o sucesso das redes sociais, pois, com elas, podemos manter comunicação com qualquer pessoa ao redor do mundo, ultrapassando qualquer barreira de socialização e possibilitando interações interpessoais, mesmo que virtuais.
5. **Aquisição de bens**: envolve a necessidade do consumidor em realizar compras ou pesquisar o preço e a qualidade de produtos a serem adquiridos.

Dessa forma, a base do varejo *on-line* é a memória do consumidor, o que significa que uma loja que não é lembrada não venderá. Muitos estudos provenientes da psicologia cognitiva são voltados para a estrutura e o processo da memória, envolvendo modelos de associação e as motivações de consumo.

Um modelo aceitável de associação admite que a memória é composta por um conjunto de "pontos" e "elos". Os **pontos** são conhecimentos armazenados, conectados por **elos** de forças variáveis. Equivale a dizer que, quando um consumidor pensa em determinado produto ou reconhece algum problema (por exemplo, a necessidade de fazer um seguro saúde para a realização de viagens internacionais), um processo de "reação em cadeia" conecta ponto a ponto, originando o alcance do reconhecimento da situação e as melhores alternativas para resolvê-lo.

Ao ficar doente durante uma viagem, a pessoa codificará a informação em um ponto da memória que, por sua vez, ativará outros pontos, como o pagamento em dia do seguro, o endereço do hospital, a qualidade da seguradora, a agência ou o profissional que ofereceu o serviço, a última propaganda relacionada ao plano que viu, o médico que o atendeu e assim por diante.

O fator que decide quantos e quais pontos são disparados é a força das associações entre os pontos, de modo que, quando a pessoa precisar de um novo seguro, os pontos formarão elos com uma informação específica sobre preços, experiências anteriores com o prestador do serviço, incluindo características de qualidade, entrega, preços, *design* e prestígio, entre outros.

De acordo com essa visão, a loja representa algo familiar ao consumidor, sobre a que ele guarda lembranças favoráveis, únicas e fortes. Por outro lado, tudo aquilo que o consumidor conhece, sabe ou ouviu falar sobre uma loja *on-line* é resultado de múltiplas estratégias. Assim, faz-se necessário um conhecimento profundo sobre o perfil do consumidor, e não apenas a utilização de dados estatísticos.

Ainda em referência ao modelo de associações, o conhecimento da loja envolve dois principais elementos: reconhecimento e imagem.

A missão inicial de todo gestor é a criação ou a melhora no processo de reconhecimento, aperfeiçoando uma base consistente de elementos que arranjem associações positivas à loja e a seus produtos. Assim se compõem o posicionamento e a comunicação dos canais *on-line*.

Entretanto, um *e-commerce* só alcançará altos níveis de reconhecimento se adotar um posicionamento abrangento estes quatro elementos: (1) diferenciação; (2) legitimidade; (3) aparência bem estabelecida; e (4) comunicação.

São condições que exigem produtos e serviços alinhados às necessidades e exigências de seu público-alvo. Assim, o gerenciamento apropriado desses atributos contribuirá para o desenvolvimento adequado do reconhecimento junto aos consumidores, propiciando que as ações de criação formem a imagem da loja na memória do consumidor, o que resultará na compra.

Logo, ao findar a caracterização do consumidor *on-line*, é importante reafirmar que as estratégias de *e-commerce omnichannel* devem focar primeiramente no público-alvo. Por isso, a relevância em caracterizar e conhecer as pessoas que pesquisam e compram em seus canais. Como já estudado, uma das formas de fazer isso é definir a *persona* de seu negócio (a idade, o gênero, o poder aquisitivo, o estilo de vida e a profissão, entre outros dados), conhecendo suas necessidades e compreendendo o que os motiva a utilizar diferentes canais.

De modo geral, os estágios da decisão de uma compra passa por cinco etapas, como mostra a Figura 4.2.

Figura 4.2 – Processo de compra do consumidor

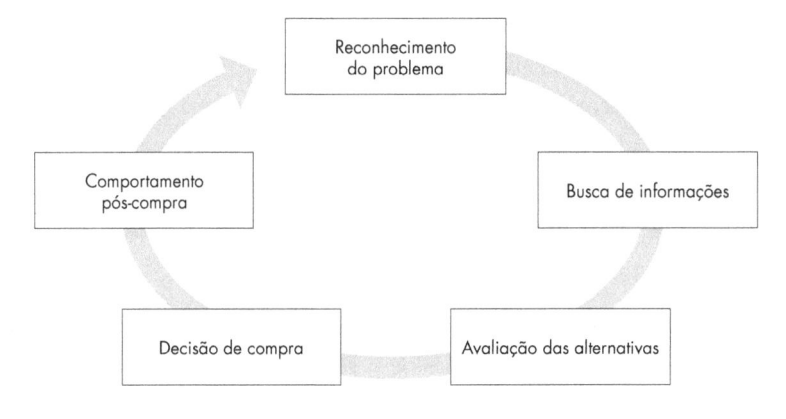

Fonte: Elaborada com base em Kotler, 2000.

A etapa de *reconhecimento do problema* começa quando o cliente percebe uma necessidade de consumo, que pode ser influenciada por estímulos internos ou externos. Por sua vez, as etapas de *busca de informação* e *avaliação das alternativas* são as mais importantes no processo de desenvolvimento estratégico de um *e-commerce*, pois é nesse momento que o consumidor delineará o reconhecimento da loja.

Martins (2006) defende que, no que concerne à facilidade do consumidor em reter na memória uma loja *on-line*, podem existir diversos níveis de reconhecimento, os quais podem ser determinados por: exposição dos consumidores a propagandas; boca a boca; ações promocionais; funcionalidades do canal.

No entanto, ações que ativam a lembrança da loja por meio de algum tipo de gratificação alcançam um nível baixo de reconhecimento da empresa, situação denominada *aided recall*, que significa "lembrança assistida". É um fato insignificante na escolha do consumidor, pois ele se torna incapaz de formar uma imagem adequada da loja sem que haja um fator atraente relacionado a ela, como se fosse uma espécie de prêmio.

Nessa situação, para que o produto ofertado pela loja seja comprado, ela precisa estar posicionada no varejo e ser reconhecida como uma possibilidade atrativa de compra. Como exemplo, podemos citar uma situação em que o cliente realiza uma busca na internet sobre um produto sem marca específica e acaba efetuando a compra com base em um critério definido no momento, como uma promoção, o preço, uma imagem, entre outros.

Cerca de 40% a 70% das decisões de compra advêm do canal *on-line* de venda, o que comprova que o reconhecimento de uma marca no local da compra pode representar um ponto positivo para muitas empresas, principalmente para aquelas que têm sua imagem centrada nas vendas e nos canais de distribuição, e não por meio das ações de *marketing*. A esse respeito, Martins (2006, p. 193) defende que:

> *O paradoxo dessa situação é que o consumidor não precisa necessariamente se lembrar de uma marca para comprá-la, podendo fazê-lo apenas nos momentos em que ela seja vista no ponto de venda, fator que privilegia a distribuição como elemento representativo dessas marcas. Mais uma vez, isso não é sinal de fraqueza ou força, já que tudo depende da relação de custos da empresa e da maneira como ela é percebida pelo consumidor.*

Por outro lado, ainda há a possibilidade de atrair os consumidores com pequenas ações de apoio à venda, como oferta de preços baixos, promoções atrativas e brindes, com vistas a expandir o reconhecimento da loja.

Nos estudos sobre o comportamento do consumidor, uma loja que desenvolve a capacidade de formar elos e se associar fortemente a determinada situação ou necessidade agrega oportunidades de consumo no longo prazo, pois adquire espaço no portfólio da memória do consumidor daquele mercado.

Portanto, os fatores críticos de sucesso para determinados produtos ou serviços são as lembranças e associações proporcionadas pela loja que os representa, sendo satisfatórias para originar vendas, o que reflete na valorização da empresa. Essa situação pode ser compreendida quando um cliente precisa decidir rapidamente sobre uma compra, por dedicar pouca atenção à análise do produto ou serviço ou porque os conhecimentos disponíveis em seus "elos" são suficientes para reafirmar a escolha de consumo. Excluem-se os casos de grande desequilíbrio no ponto de venda, como elevados preços ou poucas opções de produtos, além dos aspectos regionais e do poder aquisitivo do consumidor.

Para a maioria das empresas, quebrar a supremacia das lojas fortemente presentes na mente dos consumidores é uma ação bastante trabalhosa, cara e difícil se não forem exploradas de modo inteligente as estratégias de gestão de *e-commerce*.

Um procedimento ainda mais proeminente é a coleta de dados sobre o perfil dos consumidores que acessam as lojas concorrentes, com o objetivo de descobrir suas reações, necessidades não correspondidas ou falhas nos sistemas de atendimento e comunicação, entre outras informações.

O importante é que uma loja reconhecida sempre terá vantagens sobre as outras; consequentemente, constituirá uma renda absurdamente maior do que as que não são lembradas.

4.6 Imagem e atributos da venda *on-line*

Depois de uma loja *on-line* alcançar o reconhecimento desejado, os gestores devem difundir um conjunto de associações positivas da marca em seu mercado, visando estabelecer e definir critérios de uma imagem de destaque.

Para formar as bases de uma imagem de marca, faz-se necessário o estabelecimento de um projeto de posicionamento bem-estruturado, tornando-a única, durável e altamente resistente à concorrência, rompendo os paradigmas da categoria.

Nesse sentido, e sob a perspectiva da gestão de *e-commerce*, descreve-se a construção de associações por meio destas três categorias: atributos, benefícios e atitudes. Vejamos cada uma.

Atributos

Esse elemento é relacionado à *performance* de um produto ou serviço, podendo ser classificado em: atributos relacionados e não relacionados ao produto.

- **Atributos relacionados ao produto**: são associados ao acabamento físico de um bem, podendo variar conforme sua categoria.
- **Atributos não relacionados ao produto**: abrangem, por exemplo, informações visuais da embalagem, benefícios emocionais, características dos consumidores ou situações de uso.

Assim, os consumidores avaliam os atributos de uma vasta possibilidade de mercadorias, comparando as alternativas existentes entre cada uma delas.

Independentemente da quantidade de experiências de consumo em determinados mercados, o importante é lembrar que as pessoas não precisam de muito tempo para comparar opções, diferenciar ou destacar marcas, valorizar produtos e comprar atributos.

Por esse motivo, mesmo que o produto em si tenha pouca relevância na determinação dos atributos não relacionados, eles servem como vestígio importante para formar associações, como nos seguintes exemplos:

- **Embalagens que não são jogadas no lixo**: nosso subconsciente associa uma embalagem bastante ilustrada e muito informativa com o fato de que nela haverá informações importantes ou instruções de uso, por isso, dedicam-se a estudá-la, algo que normalmente não aconteceria com embalagens que não têm um acabamento atrativo ou funcional.
- **Qualidade × Preço**: é comum associarmos o preço à qualidade do produto ou do serviço prestado. O consumidor costuma agrupar determinados produtos de acordo com o preço que custam, podendo valorizá-los ou desejá-los em função disso. No entanto, o efeito

também pode ser o oposto, quando um possível cliente rejeita um serviço em função de um preço fora da média de marcado, podendo ser muito barato ou muito caro.

No geral, as embalagens não afetam diretamente o processo de compra; porém, servem como vestígios importantes para a formação de opinião sobre marca, qualidade ou procedência de determinado bem de consumo.

A lógica do raciocínio básico considera que os produtos de qualidade são normalmente vendidos em embalagens de qualidade, mesmo que, racionalmente, saibamos que nem sempre é assim. Contudo, é dessa forma que os atributos não relacionados formam as percepções pessoais de cada consumidor, além do modo como compram e do posicionamento de cada marca, sendo influenciados por propagandas, por opiniões de terceiros ou pela experiência de uso.

De qualquer forma, o acabamento aprimorado do que vemos no momento da compra oferece ao consumidor melhores oportunidades de esse produto ou essa marca serem novamente consumidos. Se a "promessa" de qualidade se tornar uma experiência positiva de consumo, terá sido colocado em prática mais um dos truques do *e-commerce*.

Benefícios

Os benefícios são as respostas ou necessidades a que os atributos relacionados ao produto atendem ou respondem. Apresentados de modo bastante específico, concebem aquilo que o mercado deseja. De acordo com Martins (2006), os benefícios podem ser classificados como funcionais, experimentais ou simbólicos.

- **Benefícios funcionais**: são aqueles que se limitam aos elementos intrínsecos do produto, sendo relacionados às necessidades de baixa importância. Por exemplo, para algumas pessoas, um carro de milhões de reais não será muito diferente de outro carro de menor valor, desde que ambos possam atender à mesma necessidade básica de ir e vir. Portanto, se o preço for o fator determinante da compra, qualquer uma das duas possibilidades pode suprir a necessidade do cliente.

- **Benefícios experimentais**: são relacionados aos funcionais, porém acompanhados de maior importância, pois dizem respeito aos estímulos e às sensações de prazer. Por exemplo, a compra de um carro pode ser influenciada pelo fato de já ter vivido uma experiência de conforto em um modelo anterior da mesma marca.
- **Benefícios simbólicos**: são relacionados à consideração individual de cada consumidor, detendo elevado grau de importância, como a posição social ou a necessidade de reafirmar sua autoestima. Um possível cliente pode valorizar as características de durabilidade ou simplicidade de um bem, por outro lado, ele pode considerar os fatores de exclusividade e prestígio proporcionados. Esses benefícios podem ser muito importantes na decisão de compra, de modo que o consumidor reconheça que se sentirá mais valorizado em seu meio social se consumir determinada marca por ter *design* inovador ou prestígio social.

Atitudes de marca

A atitude dos consumidores em relação às marcas é a última e a mais importante forma de associação. Elas são vistas como um modelo, em que a soma das crenças mais notáveis dos clientes sobre um bem é multiplicada pela força da avaliação de cada uma dessas crenças, podendo ser positiva ou negativa. Um fato importante desse modelo é que muitas avaliações positivas são superadas por poucas avaliações negativas.

Por exemplo, se um consumidor julga um refrigerante dietético bom, ou seja, de forma positiva, pois considera seu sabor agradável e aprecia o fato de ter poucas calorias, essa avaliação prolongará seu consumo. Por outro lado, se o consumidor julgar que todos os refrigerantes engordam, independentemente do tipo, ou que um adoçante faz mal à saúde, esses produtos serão considerados ruins, de modo que sua avaliação é negativa, fazendo com que o produto não seja mais consumido.

É importante destacar que essa situação ocorre tanto nos casos de atributos relacionados quanto não relacionados de produto. Por esse motivo, as lojas *on-line* ou físicas precisam estar sempre preparadas para gerenciar esse nível de risco.

Nesse contexto, você precisa compreender que as boas associações de marca da loja variam de acordo com seis enfoques:

- avaliações positivas;
- força;
- aspectos de exclusividade;
- posicionamento;
- comunicação;
- gestão de ameaças.

Pelo fato de os avanços tecnológicos terem encurtado bastante os ciclos de inovação, equiparando a competência de pesquisa e desenvolvimento entre a maioria das empresas, muitas pessoas não vão considerar a comunicação emocional dessas marcas na decisão de compra, principalmente se aperfeiçoarem a compreensão dos atributos técnicos ou funcionais que atendam às necessidades imediatas do mercado.

Assim, de modo geral, um volume abundante dos recursos de *marketing* dessas marcas pode ser economizado ou redirecionado para o progresso dos serviços, a "reeducação" dos possíveis consumidores com relação aos novos padrões, projetos de responsabilidade social, entre outros. Não é preciso ir muito longe para ver a influência do preço na decisão de compra.

As "situações de compra" proporcionam lições sobre a maneira como os consumidores entendem ou avaliam suas próprias associações. Em ocasiões de pressa ou urgência, eles podem apreciar a praticidade ou a velocidade do serviço como algo muito mais importante do que sua qualidade. Em outros casos, podem estar muito mais preocupados com o preço do que com a relação custo × benefício ou um atendimento personalizado.

A esse respeito, Martins (2006, p. 200) destaca que:

> *A força dos trabalhos de criação de associações pode ser medida pela quantidade e qualidade do processo cognitivo que os consumidores dedicam à informação. Quanto mais elaborado for o processo, mais os consumidores estarão dispostos*

a valorizá-lo. Quando certos comerciais induzem os consumidores a conhecerem os benefícios de um produto ou serviço, por exemplo, através das promoções, 0800 ou amostras grátis, eles se colocam no mesmo nível dos comerciais que não oferecem nada, já que exigem algum esforço dos consumidores, muitas vezes quando eles não têm tempo ou motivação adequada para isso.

Quando não há uma ação adequada na criação das associações, o curso de vendas fica bastante prejudicado, principalmente em mercados de grande número de concorrentes eficientes no segmento. Para o público-alvo, é uma atividade muito complexa diferenciar um conjugado único de associações, já que é comum entre as empresas ineficientes a prática de plágio, ou seja, copiar a comunicação das marcas bem posicionadas. Dessa forma, algumas empresas esperam que seus consumidores invistam um pouco de tempo para comparar marcas diferentes, na busca de alguma consistência ou diferenciação verdadeira.

Por fim, é importante que as empresas virtuais constituam um enfoque individualizado na criação de associações relevantes e estáveis, já que elas são dependentes de valores pessoais e de atitudes diretamente relacionadas aos processos individuais de consumo.

Dessa forma, recomendamos que os gestores estudem cada vez mais o **processo** de compra de seu público, e não apenas seu **comportamento** de compra.

Nessa perspectiva, não há outro meio mais eficiente além do posicionamento de marca e da loja *on-line*, como a forma de adequar a produção e a entrega das organizações às necessidades do mercado.

Exercício resolvido

Uma loja virtual alcançou grande sucesso no mercado em razão de seu posicionamento estratégico de comunicação e *marketing*, com uso de plataforma *on-line*. Contudo, seu consumo está mais relacionado às necessidades momentâneas do que à agilidade ou ao valor, pois o processo de entrega pode demorar.

Nesse caso, a forma mais importante de associação pelo consumidor a uma loja está relacionada a:

a. atitude.
b. benefícios.
c. atributos.
d. preço.

Gabarito: a

Feedback **do exercício**: A atitude dos consumidores com relação a uma loja é a mais importante forma de associação, pois as empresas são vistas como um modelo, de modo que a soma das crenças mais notáveis que os clientes têm sobre um bem é multiplicada pela força da avaliação de cada uma dessas crenças, sendo positiva ou negativa.

Estudo de caso

Texto do caso

O isolamento social trouxe impactos significativos para o varejo e, para não perder lucro, muitas companhias aceleraram a transformação digital, passando a vender pela internet. De acordo com o *site* E-commerce Brasil (2020), o comércio eletrônico brasileiro faturou R$ 9,4 bilhões em abril de 2020, aumento de 81% em relação ao mesmo período do ano passado.

Ainda de acordo com essa fonte, a alta reflete principalmente o aumento no número de pedidos realizados durante o mês. Ao todo, foram 24,5 milhões de compras *on-line*, aumento de 98% em relação a abril de 2019.

As categorias que tiveram o maior crescimento em volume de compras foram as de alimentos e bebidas (aumento de 294,8% em relação a abril de 2019), instrumentos musicais (mais de 252,4%), brinquedos (mais de 241,6%), eletrônicos (mais de 169,5%) e cama, mesa e banho (mais de 165,9%) (*E-commerce* Brasil, 2020).

Portanto, o mercado de varejo *on-line* está em fase de profunda mudança. O cenário da covid-19 acelerou as vendas de categorias que, até então, eram pouco exploradas, como, saúde, alimentos e bebidas e *petshop*, o que colabora para o crescimento do *e-commerce* brasileiro (*E-commerce* Brasil, 2020).

Contudo, muitas lojas físicas fecharam as portas no período da pandemia em virtude das regras de isolamento social e do fechamento dos estabelecimentos comerciais não essenciais.

Diante disso, imagine-se no papel de um gestor que precisa gerenciar essa crise, de acordo com a perspectiva do desenvolvimento do *e-commerce*. Reflita sobre o primeiro passo para estruturar uma loja *on-line* e o novo processo de atendimento e comunicação com o cliente. Inclusive, estabeleça quatro elementos fundamentais para alcançar os mais altos níveis de reconhecimento na internet.

Resolução

O primeiro passo é conhecer a estrutura do *e-commerce*, bem como suas funcionalidades. Por se tratar de um novo canal de vendas, precisa dialogar de acordo com suas especificidades. Para saber a melhor forma de estabelecer um diálogo adequado, incialmente, é necessário delimitar o público-alvo de acordo com a perspectiva do perfil do consumidor *on-line*. Nesse sentido, o próximo passo é a capacitação dos profissionais que atenderão a esse novo canal, a fim de que seja possível realocar o maior número de colaboradores da loja física para essa modalidade de venda diferenciada, pois a gestão de crise empresarial visa fortalecer os laços comerciais e o compromisso com sua força de trabalho.

Com um canal *on-line* bem definido, os principais elementos que vão garantir os mais altos níveis de reconhecimento de sua loja se refletirão na busca de um posicionamento sólido, por meio do estabelecimento de diferenciação; legitimidade; aparência bem estabelecida; e comunicação.

Dica 1

Ferreira (2019) destaca que o comércio eletrônico não é uma estratégia tão recente como imaginamos. Ela surgiu há muito tempo, na intenção de solucionar necessidades básicas impostas aos processos de comercialização.

Nesse contexto, analise as etapas da evolução do *e-commerce* no Brasil, bem como os principais fatores de seu desenvolvimento, como locomoção, tamanho e demanda, levando em consideração os benefícios implantados pela prática desse tipo de consumo até os dias atuais.

FERREIRA, C. **A evolução do e-commerce no Brasil**. 2019. Disponível em: <https://www.youtube.com/watch?v=3njbQFaE2Qo>. Acesso em: 10 nov. 2021.

Dica 2

Sob a perspectiva de gerenciamento de crises, como um gestor de *e-commerce*, você precisa acompanhar e compreender as mudanças no mercado. Para isso, veja o vídeo indicado a seguir sobre algumas impressões de como será o comércio eletrônico pós-pandemia, como o mercado será afetado e o que pode ser feito para manter uma empresa lucrativa.

DLOJAVIRTUAL. **Como será o e-commerce no 2020 pós--quarentena?** 2020. Disponível em: <https://www.youtube.com/watch?v=LQqlcjsrR1g>. Acesso em: 10 nov. 2021.

Dica 3

Assista ao vídeo indicado a seguir e confira os principais elementos para desenvolver um *e-commerce* de sucesso, considerando os aspectos de burocracia e de estrutura e as questões legais. Assim como em uma loja física, a loja *on-line* precisa seguir determinados parâmetros.

ECOMMERCE NA PRÁTICA. 2020. Disponível em: <https://www.youtube.com/watch?v=OFCeLEqzeKU>. Acesso em: 10 nov. 2021.

Síntese

Neste capítulo, você estudou:

- o conceito de *e-commerce* e sua aplicabilidade;
- o processo de uma compra *on-line*;
- os aspectos da intangibilidade de produtos *on-line*;
- as características dos serviços *on-line*;
- o perfil do consumidor *on-line*;
- a influência da imagem da marca no processo de compra;
- os atributos da venda *on-line*.

Marketing de varejo multicanal

Conteúdos do capítulo

- *Marketing* de varejo multicanal.
- Estratégia de *marketing*.
- Propaganda multicanal.
- Comportamento *free-riding* no varejo multicanal.

Após o estudo deste capítulo, você será capaz de:

1. entender o conceito de *marketing* nas operações multicanal;
2. compreender as aplicações do *marketing* nas operações multicanal;
3. delinear as estratégias de *marketing* multicanal;
4. conhecer os principais tipos de propagandas;
5. caracterizar os objetivos das propagandas;
6. descrever o comportamento *free-riding*;
7. compreender os impactos nas operações multicanais.

As empresas devem considerar a operação multicanal como componente fundamental da estratégia de vendas e de relacionamento com o cliente. Não de modo independente, mas como um canal adicionado aos existentes, constituindo uma estratégia multicanal em comum.

capítulo 5

O objetivo principal da estratégia multicanal é melhorar a experiência do cliente com a empresa. Ao interagir por meio de diversos canais, em diferentes momentos do processo de compra e atendimento, pode-se aumentar a satisfação total de consumo.

Dessa forma, o cliente tem melhores informações, maior conforto para interagir quando e como quiser com a empresa. Ao mesmo tempo em que se possibilita uma otimização de tempo, graças à sinergia e à complementaridade entre os canais, a empresa pode reduzir custos, diferenciar-se e aumentar seu mercado.

Contudo, essa estratégia não é livre de riscos. A esse respeito, deve-se destacar a importância de ser realizada uma série de investimentos significativos em tecnologia, automação e mão de obra especializada, levando em conta que o retorno não é garantido.

Assim, para que você compreenda todo esse cenário de modo aprofundado, desenvolvemos um estudo sob as perspectivas do *marketing* aplicado às operações multicanais.

5.1 Entendendo o *marketing* de varejo multicanal

O desenvolvimento das tecnologias de informação e comunicação tem favorecido o surgimento de novos canais de comunicação, que aumentam, significativamente, as opções das empresas para interagir com seus clientes.

Atualmente, a utilização, pelas empresas, de canais digitais emergentes é cada vez mais importante, uma vez que, em praticamente todos os setores, nasceram novos concorrentes que utilizam a internet e, assim, causam risco de obsolescência da empresa tradicional.

Um bom exemplo de sucesso multicanal é o empregado pela empresa Magazine Luiza, que tem uma plataforma única de operação, servindo a todos os seus canais.

A estratégia a ser desenvolvida no formato *on-line* tem de considerar a natureza multicanal da empresa. Nesse sentido, é preciso coordenar as ações a serem realizadas na rede com as ações que estão sendo empreendidas nos demais canais, buscando obter sinergia que favoreça a empresa e o cliente.

Em nenhum caso, a ação deve ser tomada de modo independente dos outros canais existentes. Os serviços financeiros são um exemplo claro de que estamos em uma economia multicanal e, graças à internet, cada vez mais interativo.

Quando a empresa adota a estratégia multicanal, todas as decisões de *marketing* devem considerar a coexistência multicanal. Nesse sentido, pesquisas de mercado e ferramentas de *marketing*, entre outros elementos, devem ser diferenciadas.

Para saber mais

Marketing é um conjunto de atividades e estratégias com o objetivo de atender às necessidades dos consumidores. O gestor de *marketing* é o profissional responsável por conduzir, juntamente à direção da organização, todas as tomadas de decisão. Para entender melhor, assista ao vídeo indicado a seguir, que aborda desde sua história até sua aplicação na atualidade.

ASCARI, F. **Afinal, o que é marketing?** 2017. Disponível em: <https://www.youtube.com/watch?v=obguExiYX6M>. Acesso em: 10 nov. 2021.

Diante da introdução do uso da internet no dia a dia, muitas empresas abandonam seus modelos de negócios de canal único, como as empresas de vendas por catálogo ou lojas físicas, para passar a estratégias multicanais em que as operações realizadas na loja sejam integradas ao comércio eletrônico.

O futuro dos mercados de consumo e industriais passam por uma estratégia multicanal voltada às necessidades dos consumidores. A razão é que cada canal detém certas qualidades e alguns diferenciais, mas, ao mesmo tempo, apresenta limitações e complicações. Dessa forma, o uso de um único canal limita o desempenho no mercado conforme a capacidade daquele canal específico.

Apoiando a implementação de estratégias multicanais, percebe-se que desejos e expectativas de clientes diferentes podem exigir informações e estratégias de contato diferentes. Além da existência de vários canais e das diferentes características de cada um deles, surgem oportunidades de proporcionar diversas configurações de preço e qualidade para os vários segmentos.

O processo de integração multicanal tem papel central na gestão da empresa, consistindo em traduzir a estratégia de negócios e os processos planejados de criação de valor e qualidade na comunicação com pré-venda e pós-venda.

No escopo do *marketing*, existem inúmeras definições envolvidas na estratégia multicanal, retomadas no Quadro 5.1, a seguir.

Quadro 5.1 – Definições envolvidas na estratégia de *marketing* multicanal

O conceito de *marketing* multicanal define a melhor combinação entre sistemas de distribuição e programas de comunicação e o modo como a empresa organizará esses programas e as alternativas coerentemente.	Schultz (2002).
A perspectiva do conceito *click and brick* para a estratégia de *marketing* multicanal busca consumidores por meio de canais físicos e eletrônicos.	Nicholson; Clarke; Blakemore (2002).
É a estratégia em que os serviços são entregues ou divididos pelo canal mais apropriado, físico ou *on-line*, de forma sincronizada.	Katros (2000).

(continua)

(Quadro 5.1 – conclusão)

As necessidades e os desejos do cliente devem ser a primeira consideração no *design* multicanal de *marketing*.	Payne e Frow (2004).
O melhor modelo de distribuição no varejo será o multicanal. Os consumidores descrevem o cenário ideal como um modelo híbrido, em que os comerciantes oferecem aos consumidores a opção de compra *on-line*, catálogo ou loja física.	Windham (2000).
Define-se a estratégia multicanal como o uso de todos os canais comercialmente viáveis para servir os clientes e integrá-los sem tentar influenciar o canal que o cliente deseja usar.	Payne e Frow (2004).

Esses autores alertam para o fato de que as tecnologias sem fio são um meio ideal para apoiar o *marketing* de relacionamento, por serem mídias individualizadas, onipresentes e muito populares. No entanto, tais fatores indicam que a empresa deve ser capacitada em diferentes áreas da tecnologia e de processos, com foco nos clientes e em suas preferências, e não apenas nos recursos da empresa (Advani; Choudhury, 2001).

Payne e Frow (2004) agrupam os canais em seis categorias para fins práticos:

1. Força de vendas (gerentes de contas, representantes, vendedores).
2. Lojas (filiais, quiosques, armazéns).
3. Telefonia (telefone tradicional, *call center*).
4. *Marketing* direto (correio, catálogo, rádio, TV).
5. *E-commerce* (*website*).
6. *M-commerce* (telefones celulares).

Essas categorias podem ser representadas como as principais formas de contato físico com o cliente (por exemplo, uma reunião cara a cara com um representante) ao virtual (por exemplo, uma transação por meio de uma rede social).

No entanto, isso não significa que a experiência deva ser idêntica em cada meio. Vários recursos apreciados pelos clientes na internet podem não ser desejáveis quando são encontrados na loja. O consumidor está em um ambiente diferente e tem necessidades de informação diferentes quando compram *on-line* daquelas que pode ter quando o estiver em uma loja física. Isso sugere que os varejistas devem ter cautela quando estão desenvolvendo suas lojas, pois não basta disponibilizar o acesso à loja pela *web*, é preciso também construir uma interface que proporcione um ambiente de compras no canal.

A escolha da estratégia multicanal apropriada dependerá de três pontos principais: (1) a experiência do cliente que você deseja que os segmentos-chave tenham; (2) a complexidade da integração de canais; e (3) os resultados econômicos de cada canal.

Um elemento fundamental da estratégia multicanal é a coordenação dos canais, porque os clientes desejam ser capazes de passar de um canal para outro nas diferentes fases de um processo de contato, mesmo que seja simples.

Quando os canais estão realmente integrados, muitas rotas são possíveis no processo de compra, ainda que se altere de um canal para o outro durante a mesma etapa do processo.

De maneira prática, no multicanal, o cliente pode interagir com vários canais até sua decisão de compra. A preferência por um tipo de canal ou outro relaciona-se diretamente às características de cada cliente e ao contexto de compra e do tipo de produto.

Exemplificando

O cliente pode visualizar o produto em uma rede social, querer falar por telefone, em tempo real, com um representante sobre um problema com uma conta, acessar um *site* para encontrar informações sobre o produto, usar *e-mail* para reclamar sobre um problema no serviço etc.

A empresa deve decidir a melhor forma de se comunicar com os clientes. Para isso, é necessário compreender os canais pelos quais cada cliente prefere interagir.

Contudo, é preciso levar em conta que os clientes passam pelos canais aleatoriamente, escolhendo aquele que mais parece adequado para a situação. Ao mesmo tempo, o cliente assume que a empresa o reconhecerá a todo momento.

Os desafios mais significativos dos negócios multicanais são: a consistência da resposta dos diferentes pontos de contato com o cliente e a percepção holística por todos os processos da organização.

A internet não é um substituto das lojas físicas, mas deve ser vista como um complemento muito valioso, de modo que a integração entre canais físicos e o comércio eletrônico possibilite a busca por sinergias que não existem para empresas que tratam esses canais de maneira independente.

Sobre os tipos de sinergia, nesta obra, atentamos a dois aspectos principais: primeiro do ponto de vista do cliente e, em seguida, do ponto de vista da empresa.

Sinergias do cliente

Os principais canais para alcançar uma melhor experiência do cliente são:

- Fazer pedido via *web* e retirar a mercadoria na loja.
- Facilitar a venda de produtos táteis, a fim de que o consumidor conclua parte da transação na *web* e use a loja física para experimentar o produto e verificar se ele é adequado às suas necessidades.
- Oferecer as mesmas promoções da *web* na loja, de maneira que um cliente compra na *web* e, quando a venda é finalizada, ele recebe uma oferta de um produto em promoção que será vendido na loja física, gerando tráfego no canal presencial.
- Oferecer as mesmas promoções da loja na *web*, de modo que o cliente da loja física recebe uma promoção por *e-mail* após alguns dias, oferecendo um produto complementar que melhora o valor da compra original.
- Disponibilizar um processo de devoluções pré-autorizadas quando um cliente deseja devolver no canal físico um produto comprado *on-line*. O varejista pergunta as razões e dá ao cliente a autorização para agilizar a devolução na loja física ou pelo canal de sua preferência.
- Utilizar a equipe de vendas da loja física para dar suporte às vendas *on-line*. Adotando tecnologias colaborativas, a equipe da loja física pode solucionar problemas do cliente comprador *on-line*.

Dessa forma, a experiência do cliente em um ambiente multicanal pode ser mais satisfatória do que se ele fosse forçado a interagir com a empresa por meio de um único canal.

Sinergias da empresa

Existe uma série de sinergias quando a empresa executa uma estratégia multicanal. As empresas tradicionais que agregaram o comércio eletrônico em suas operações atraem o dobro de consumidores, ou seja, muito mais do que empresas que só distribuem pela internet.

O que é

Sinergia é uma palavra proveniente do grego que significa "cooperação". Refere-se ao esforço para realizar uma tarefa complexa com êxito, a fim de que o trabalho em grupo seja mais eficiente do que o trabalho individual. O termo é muito utilizado em ambientes de trabalho, bem como no âmbito da administração organizacional.

Podemos concluir, também, que varejistas exclusivos de internet gastam o dobro para adquirir um novo cliente, mais do que aqueles que adotam uma estratégia multicanal. Os benefícios das sinergias obtidas pelo uso de tal estratégia podem ser agrupados em quatro categorias:

- **Custos mais baixos**: possibilitam uma série de eficiências internas e externas, as quais reduzem os custos de fazer negócios. Quando há uma efetiva harmonização dos canais, gera-se economia, principalmente em mão de obra, estoque e entrega. Com relação à força de trabalho, certas atividades são realizadas pelos próprios clientes (busca de informações, preenchimento de questionários, assistência pós-venda etc.). A economia em estoque é produzida pela falta de necessidade de manter em estoque da loja itens adquiridos com pouca frequência, uma vez que são oferecidos para internet. A economia na distribuição física do produto é alcançada pelo uso da loja física como local de coleta de produto ou como ponto de partida para entregas locais. Portanto, para reduzir custos, certas tarefas que um canal tradicionalmente executa podem ser atribuídas a outro canal com custo mais baixo.

- **Confiança**: considerando que a falta de confiança é uma das principais desvantagens de comprar *on-line*, a estratégia multicanal pode construir confiança em virtude de sua presença física, pois os consumidores percebem menos riscos quando a empresa tem um local acessível, onde os produtos podem ser devolvidos ou podem ser feitas reclamações diretas.
- **Diferenciação por meio de serviços de valor agregado**: com a utilização do canal virtual para oferecer informações e serviços que complementam os produtos e serviços oferecidos nas lojas físicas, surgem múltiplas oportunidades de diferenciação.
- **Extensão do mercado geográfico e de produtos**: por meio de canais virtuais que podem ampliar, geograficamente ou com novos produtos, a oferta feita em uma loja física ou por meio de catálogos.

É importante ressaltar, contudo, que, qualquer inconsistência ou conflito nas mensagens dos diferentes canais podem confundir o cliente. Essa confusão pode diminuir seriamente sua percepção sobre a empresa e, possivelmente, instigar uma visibilidade negativa.

As empresas multicanais devem enfrentar certos desafios, tais como gastos com desenvolvimento *web*, canibalização de canais e desaparecimento de canais com alta margem, além de problemas na entrega do produto.

Quando os canais tradicionais e eletrônicos são integrados, há um potencial para conflito. Esses conflitos acontecem quando meios alternativos de alcançar os clientes competem, implícita ou explicitamente, com os canais existentes. A consequência é que a diferença de preço e de atendimento entre os dois criará uma competição interna, além de um conflito entre os dois canais, o que poderia impedir a implementação de uma estratégia de serviço multicanal. Portanto, é o *omnichannel* que não deixa que isso ocorra.

Diante da irrupção de empresas de venda pela internet, uma alternativa para as empresas existentes realizarem uma estratégia multicanal consiste na criação de um comércio que opera exclusivamente *on-line*, em paralelo, não relacionado aos canais físicos existentes.

Exercício resolvido

A área que aborda o *marketing* multicanal trabalha para desenvolver a melhor combinação entre canais de venda, sistemas logísticos de distribuição e programas de comunicação, definido também o modo como uma loja varejista organizará esses programas e as alternativas eficientemente.

A estratégia de *marketing* multicanal que busca consumidores por meio dos canais físicos e eletrônicos pode ser denominada:

a. **pague e busque**, na qual se observa a comodidade de comprar *on-line*, a inexistência do tempo de espera da entrega e a economia de gastos com frete.
b. *free-riding*, pelo qual se usa o canal de um varejista na busca de alternativas de compra e, em seguida, efetiva-se a compra em outro canal, de outro varejista.
c. *click and brick*, no qual se observa a integração o mundo virtual (*click*) ao mundo real (*brick*), proporcionando a melhor experiência de compra.
d. *omnichannel*, no qual o cliente navega livremente entre os canais e tem uma percepção única de atendimento e sem barreiras.

Gabarito: c

Feedback do exercício: A perspectiva do termo *click and brick* é aplicada como uma estratégia de *marketing* multicanal, com o objetivo de atender aos consumidores por intermédio de canais físicos e *on-line*.

5.2 Estratégia de *marketing*

Todo consumidor tem a própria forma de observar e analisar tudo o que o rodeia. O estudo do *marketing* destaca que há fatores emocionais que motivam a forma como o cérebro reage aos estímulos no confronto entre o consumidor e o produto, com base em códigos sensoriais que indicam ao cérebro que dado produto ou determinada situação atendem a seu desejo de consumo, diretamente em uma empresa ou direcionando-o para o universo de propagandas efetivas.

A esse respeito, Brandão (2009) destaca que: "Para a empresa conseguir sucesso de produto, tangível e intangível no mercado, deve-se observar a forma como o consumidor percebe o dia a dia e faz uma projeção desse momento: do consumidor no ponto de venda observando ou comprando um produto que desperte seu desejo e sua atenção".

É de extrema relevância para o sucesso de *marketing* que o lançamento de produtos ou serviços e o desenvolvimento dos canais de venda e comunicação sejam acompanhados de pesquisa e análise da percepção do consumidor para o qual pretende direcioná-los.

Nesse sentido, o processo acelerado da globalização reforça a necessidade e o destaque que as empresas já têm e terão no futuro, de modo que a forma pode sofrer alterações, mas a relação entre o consumidor e o produto ou serviço segue o mesmo caminho, embora precise ser sempre aperfeiçoada. Além disso, deve-se considerar que o consumidor é quem decide aceitá-lo ou não.

Especialistas apontam que os departamentos de *marketing* nunca tiveram uma oportunidade melhor de se aproximar dos consumidores como na atualidade da era digital. A tendência é que o desejo dos clientes por atenção e fidelidade deve moldar o cenário das organizações, das marcas, dos produtos, dos serviços e das experiências do consumidor (Albesa; Carballido, 2005).

A possibilidade de utilizar dados para entender o que os consumidores estão necessitando e poder satisfazer tais necessidades nunca foi tão prevalente. Os recursos tecnológicos agora permitem que as empresas consolidem seus bancos de dados em uma visão unificada do consumidor, possibilitando uma ação mais eficiente e ágil.

5.2.1 A era dos dados integrados

Recentemente, as empresas começaram a focar na integração de seus dados para observar e classificar melhor seus consumidores em todos os canais de venda e de relacionamento disponíveis.

A possibilidade de dispor de todos os dados juntos permite que as empresas tenham uma visão mais ampla e conheçam melhor o perfil de seu consumidor. Segundo Copeland (2019, p. 142, tradução nossa), "É melhor para a experiência do consumidor se as empresas tiverem uma visão integrada da experiência que os clientes individuais estão tendo". Essa visão única permite a otimização nas companhias para o benefício do consumidor, o que, em uma última análise, produz benefícios para a empresa.

Espera-se ver a tecnologia da informação, o *marketing*, os serviços ao consumidor, o *design* e a identidade de produto contribuindo para a unificação desses dados e, ainda, possibilitando a concepção de perfis de consumidores completos e em tempo real em cada canal.

Além disso, a unificação de dados de *marketing* e os canais de vendas darão origem a um novo modelo operacional de maneira mais alinhada, assegurando a sincronia do planejamento estratégico e o engajamento de clientes.

Copeland (2019) destaca, ainda, que esse sistema fornece uma compreensão otimizada dos diferentes tipos de clientes que existem e como eles podem ser alcançados em diversos canais (*on-line* e *off-line*) e com distintas experiências.

5.2.2 Inteligência artificial

Outra tendência é a criação de conteúdo ser desenvolvida em conjunto com plataformas de inteligência artificial, visando impulsionar o desenvolvimento da linguagem natural, aumentando a qualidade e prevendo a eficácia do conteúdo que poderá ser segmentado de acordo com o perfil específico de consumidores ou do canal de venda escolhido.

Nesse contexto, nasce o conceito de *design experimental*, que consiste nas etapas de pesquisa, de teste e de otimização, aspectos utilizados para organizar dados e realizar testes estatísticos que identifiquem as relações de causa e efeito entre *inputs* e resultados. É uma ferramenta que vai permitir a previsão de cada canal do desempenho do conteúdo produzido.

Segundo Copeland (2019), à medida que for possível obter mais informações sobre os clientes, para que possamos segmentá-los, os conteúdos produzidos serão mais relevantes e personalizados, e, assim, a velocidade e a proliferação da informação se tornarão ainda mais eficientes.

5.2.3 Maturidade digital

Neste momento, já é possível ver organizações que iniciaram precocemente o processo de transformação digital avançando para a próxima etapa da maturidade digital, que é o gerenciamento da experiência do consumidor em diversos canais.

Nos últimos anos, essas empresas digitais começaram a orientar as pessoas, os processos e as tecnologias a serviço do consumidor, com base na disponibilidade e no gerenciamento de dados inteligentes, preditivos e em tempo real sobre o comportamento dos consumidores.

Esses fatores vêm modificando o núcleo de experiências criadas no decorrer da história do *marketing*, das vendas e do atendimento ao cliente. O impulso dessas empresas digitais e maduras está na compreensão e na capacidade de priorizar os investimentos de *marketing* e de conteúdo para os próximos anos.

Heller (2013, p. 32, tradução nossa) destaca que:

> *Aumentar a curva de maturidade significa um compromisso com a centralidade do consumidor, a infraestrutura certa de dados extensíveis e tecnologia, o modelo operacional adequado, parceiros e mais. Mas também é o compromisso de ter o caso certo de negócio, que leva à priorização mais eficaz de investimentos.*

Essas empresas, mais avançadas tecnologicamente, serão priorizadas pelos investimentos, ficando à frente daquelas que ainda estão se adaptando à era digital.

5.3 Agile marketing

Agile marketing é a capacidade de resolver os problemas dos consumidores em tempo real, implantando testes rápidos, avaliando os resultados e se reajustando rapidamente quando necessário (Heller, 2013).

Várias empresas já utilizam esse conceito em algumas áreas organizacionais, porém essa ferramenta é uma novidade a escalar por todo o *marketing* das organizações e por áreas maiores da companhia.

Ela é utilizada com o objetivo de agregar valor à empresa, tendo como resultado um rendimento significativamente maior do canal em que ela é empregada, limitando o risco e impulsionando a *performance* de vendas.

Destacamos que essa tendência tem grande potencial de se tornar o "novo normal" dos recursos utilizados pelo *marketing* multicanal.

5.4 Transformação digital

Os especialistas em *marketing* foram os primeiros a compreender e a aceitar a transformação digital e a centralização do planejamento estratégico no consumidor em operações multicanais.

O *marketing* multicanal está se tornando a área pioneira para as empresas em termos de inteligência digital e transformação. De certa forma, está levando consigo os demais processos organizacionais.

Ressaltamos que essa transformação tem impacto de curto prazo em lucros e perdas de uma empresa e em recursos intangíveis, como no crescimento da credibilidade, resultando no desenvolvimento de uma "energia catalisadora" para futuras transformações dentro da organização.

Ainda nesse contexto, gerenciar o *marketing* multicanal é um dos desafios fundamentais da gestão organizacional em razão do crescente acesso à informação e da propagação dos recursos tecnológicos. Mas é fato que tudo isso vai depender da percepção estratégica adotada pela empresa em cada um de seus canais de venda.

Nesse sentido, a estratégia depende do posicionamento da organização, assim como o caminho escolhido e não explorado para atuar de modo criativo e eficiente para o mercado atuante. Este último, por sua vez, estará relacionado com o essencial ativo das organizações por meio da capacidade de pensar, desenvolver e gerenciar cada canal disponível, visando influenciar o rumo estratégico e o grau de dificuldade para sua prática.

O impulso do posicionamento da empresa pode ter uma decorrência catalítica e, ao mesmo tempo, potencializadora da visão estratégica, do *marketing* e da comunicação organizacional no processo multicanal.

É considerada *catalítica* por proporcionar facilidades a quase todas as atividades empresariais, tanto no procedimento de recrutamento de pessoas com disposição para comprar (os consumidores) quanto no interesse das vias de distribuição para negociar com o produto ou serviço disponíveis.

Por sua vez, o poder potencializador de resultados dos empenhos aplicados nas grandes lojas é que gera resultados diretamente superiores àqueles designados em pequenas lojas, produtos ou serviços desconhecidos.

Para isso, atualmente, faz-se necessário um tratamento especializado para o posicionamento do varejista, destacando-se as principais motivações:

- Desestímulo aos impedimentos comerciais internacionais.
- Crescente concorrência em todos os segmentos.
- Demasiada oferta de lojas nas mesmas camadas.
- Centralização de varejistas de adequado padrão técnico.
- Marcas próprias.
- Imagem deficitária total das lojas.
- Mínimo envolvimento pessoal dos consumidores.
- Crescente influência do varejo.

Diante disso, e com a intenção de criar uma identidade para o canal, deve-se, inicialmente, desenvolver o projeto com base na visão da empresa, em seus valores, seu significado, sua autenticidade e sua diferenciação, para, com isso, serem discutidos os fatores de durabilidade, coerência, flexibilidade e comprometimento.

Tais componentes são fundamentais para o estabelecimento de um processo criativo e responsável, independentemente do tamanho da organização ou tipo de produto ou serviço que será ofertado. Assim, podem ser utilizados desde o nascimento de uma empresa, como em um processo de *redesign*, até o lançamento de um novo canal de vendas e criação de embalagens, entre outros.

Na atualidade, existem muitas lojas varejistas registradas, mas reflita: O que torna uma empresa melhor do que outra? A resposta está na qualidade e na identidade audaciosa e memorável de seus canais, que possibilitam à organização um rápido reconhecimento, com valor duradouro e sucesso em seus vários canais.

Apresentamos, a seguir, cada componente fundamental para o estabelecimento adequado de um canal por meio da gestão de *marketing*.

5.4.1 Visão

Assumir uma visão audaciosa exige coragem, considerando que grandes empresas que desenvolvem grandes ideias e grandes produtos são mantidas por especialistas que têm a capacidade de prospectar o que os outros ainda não enxergam. A visão de uma organização precisa defender o futuro para se manter atualizada.

Nesse sentido, o profissional de *marketing* dispõe das ferramentas para sintetizar o fundamento e as inspirações da empresa em cada canal, que é a visão estimulante de uma filosofia ou liderança eficaz, eloquente e apaixonada.

5.4.2 Valor

A identidade da marca é uma estratégia que agrega valor ao canal de vendas, aproveitando todas as oportunidades para desenvolver consciência de mercado, aumentando o reconhecimento da empresa e comunicando a qualidade do produto ou serviço.

O valor também pode expressar as diferenças competitivas de determinado canal dentro de um mesmo segmento, demonstrando ao consumidor final sua exclusividade.

5.4.3 Significado

Com um valor bem definido, as grandes empresas precisam representar algo importante, como um posicionamento estratégico ou uma grande ideia que atenda às necessidades do consumidor de maneira prática.

O significado de uma empresa impulsiona a criatividade, que pode ser transmitida por meio de um logotipo ou símbolo associativo, que deverá comunicar, explicar, ser compreendido e ser aprovado pelo público-alvo do canal utilizado.

Todos os componentes precisam transparecer um significado com base em uma estrutura lógica, que deve evoluir à medida que a empresa cresce ou passa por mudanças significativas.

5.4.4 Autenticidade

Esse elemento se refere à coerência da empresa, de acordo com seu autoconhecimento, e à tomada de decisões. Para iniciar o processo de composição da identidade de modo positivo, a organização precisa saber quem é e o que representa para a sociedade, criando canais sustentáveis e eficientes.

Para isso, a autenticidade deve estar diretamente interligada com a missão, a história, a cultura e a personalidade da empresa varejista.

5.4.5 Diferenciação

A competição de empresas dentro de um segmento específico sempre vai existir.

Para diferenciar uma loja da outra, é necessário chamar a atenção do consumidor diariamente, de diversas formas e em vários canais, induzindo suas escolhas de consumo por meio das facilidades proporcionadas pelo produto ou serviço.

Com a visão, o valor, o significado, a autenticidade e a diferenciação bem definidos, o departamento ou profissional do *marketing* pode iniciar a discussão sobre o estabelecimento da durabilidade, da coerência, da flexibilidade e do comprometimento da empresa.

5.4.6 Durabilidade

Uma loja que transmite segurança, conquista, consequentemente, a durabilidade de seu produto ou serviço no mercado. Para isso, é necessário comprometer-se com a ideia principal durante um longo período de tempo, considerando também a possibilidade de mudanças.

Assim, uma empresa varejista precisa ser duradoura, ultrapassando as modas passageiras, reinventando-se sempre que necessário, mas mantendo sua identidade central em seus canais de comunicação e vendas.

5.4.7 Coerência

Esse elemento garante a qualidade do produto ou serviço, fazendo com que o que é ofertado se encaixe perfeitamente às necessidades de consumo do cliente. Quando uma loja ou empresa parece familiar, em virtude de as experiências anteriores terem sido positivas, ela transmite confiança, fidelidade e agrega valor ao consumidor.

Com o entendimento das necessidades e preferências do cliente, a coerência se perpetua por meio de uma única voz, com um posicionamento claro e sólido. Assim, todos os contatos em seus canais de venda se tornam novas experiências, ajudando o cliente na escolha do produto.

5.4.8 Flexibilidade

Como dito anteriormente, a globalização e os canais de acesso às informações obrigam as lojas a construírem um sistema de identidade de marca flexível, objetivando aproveitar as novas oportunidades que surgem no mercado diariamente.

O profissional responsável precisa posicionar a organização para possíveis mudanças e crescimento contínuo, garantindo que a loja e seus canais de acesso sempre conquistem um reconhecimento imediato.

5.4.9 Comprometimento

O gerenciamento dos canais precisa ser feito com muita competência e disciplina, na intenção de protegê-los, preservando sua imagem, sua integridade e sua relevância frente ao mercado.

Cada empresa deve controlar seu patrimônio ativamente, incluindo sua marca, seus canais disponíveis, seus sistemas integrados de *marketing* e seus modelos normativos estabelecidos.

Resumidamente, foram estudados alguns elementos essenciais da constituição de uma loja no processo multicanal, assim como suas particularidades e funções específicas. Contudo, não existe regra absoluta sobre o que seguir, o importante é compreender as metas e o posicionamento do cliente com relação às suas necessidades de consumo.

Na prática, apenas boas intenções não bastam. Depois de definir a missão, a visão e os valores de uma empresa varejista, é necessário ter certeza de que tudo está interligado e faz sentido. Para isso, estabeleceu-se o seguinte roteiro de perguntas que deve ser seguido nesse momento:

- A missão está bem definida?
- A missão condiz com as especificidades da empresa?
- A missão apresenta benefício real?
- Os colaboradores e parceiros acreditam nessa missão?
- Esses princípios estão sendo comunicados adequadamente?
- O objetivo está bem definido na visão da empresa, do produto ou do serviço?
- A visão é mensurável?
- Os valores são praticados pela empresa?

Se a resposta for negativa para alguma dessas perguntas, recomendamos voltar atrás e rever os conceitos definidos em sua organização, a fim de reformular o que for necessário para bem atender seu cliente. Agora, se todas as respostas forem positivas, é um ótimo sinal de que você está no caminho certo.

Exercício resolvido

Com a pandemia mundial provocada pelo coronavírus no ano de 2020, muitas empresas da área do turismo viram-se obrigadas a modificar seu discurso. Primeiramente, no que dizia respeito à segurança no retorno das atividades turísticas; e, em segundo lugar, com relação à flexibilização para remarcações de deslocamentos. Dessa forma, companhias aéreas, por exemplo, anunciariam, com grande destaque em seus canais de venda e de atendimento, uma política para o atendimento dessas novas situações, com o objetivo aumentar suas vendas.

Assim, o estabelecimento de um canal de vendas e de comunicação caracterizado pela flexibilidade:

a. defende o futuro, mantendo-se atualizado em todos os canais de venda, comunicação e relacionamento com o cliente.
b. objetiva aproveitar as novas oportunidades que surgem no mercado diariamente, adaptando-se às mudanças de seu mercado.

c. visa ao posicionamento estratégico ou a uma grande ideia, que atenda às necessidades do consumidor de maneira prática.

d. tem a certeza de que tudo está interligado e apresenta-se coerentemente todos os canais de venda, comunicação e relacionamento com o cliente.

Gabarito: b

Feedback **do exercício**: A globalização e os canais de acesso às informações obrigam as lojas a construírem um sistema de identidade da marca flexível, já que o elemento *flexibilidade* tem o objetivo de aproveitar as novas oportunidades que surgem no mercado diariamente, adaptando-se às mudanças impostas por diversos motivos.

5.5 Propaganda multicanal

Entenda, primeiramente, que fazer propaganda é fazer *marketing*. Estes são os dois percussores do sucesso de uma empresa. São os responsáveis por proporcionar a visibilidade desejada pela instituição, pois, sem ela, não adianta ter o melhor produto do mundo ou o melhor canal de vendas, porque não haverá reconhecimento por parte dos possíveis clientes.

O fato é bem simples: Quantas vezes você comprou um produto de uma empresa da qual nunca ouviu falar? Provavelmente poucas vezes ou nunca. Agora, quantas vezes você comprou de uma empresa conhecida? Provavelmente várias e, na maioria das vezes, sem nem pesquisar outras marcas ou verificar o preço e a qualidade do produto.

Isso acontece porque empresas de renome utilizam as propagandas e os processos de *marketing* de forma efetiva, ou seja, a seu favor. Nesse sentido, abordaremos como desenvolver propagandas que produzam resultados satisfatórios para a uma empresa multicanal.

No *omnichannel*, a propaganda visa potencializar a experiência do cliente em todos os canais de relacionamento. A comunicação eficaz no *omnichannel* auxilia no incremento de relacionamento com o público-alvo, bem como sob os índices de conversão de vendas e de fidelização.

A propaganda no *omnichannel* visa inserir determinada mensagem em todos os canais de comunicação. Tal mensagem deve ser comunicada em todos os canais de modo único e integrado.

Propaganda é um tipo de anúncio; entretanto, não é apenas uma imagem com legenda, mas sim uma ferramenta para convencer as pessoas sobre algo, com uso de uma linguagem específica.

A empresa Casa da Consultoria (2015, grifo do original) destaca que:

> **Propaganda** vem de propagar, multiplicar, prolongar; estender, alargar, no sentido de comunicação. Dessa forma, entende-se que **propaganda** vem de propagar, estendendo de forma ampla a comunicação, independent do que se deseja propagar que pode ser uma ideia, uma crença, uma **propaganda** comercial e etc.

A seguir, apresentamos algumas dicas sobre como desenvolver propagandas de qualidade para canais físicos ou *on-line*. Esses aspectos são relevantes para evitar erros e devem ser alinhados às premissas do *omnichannel*, visto que compreendem estratégias que aproximam o cliente da marca. No âmbito da comunicação *omnichannel*, essas atitudes visam à personalização de conteúdo e *marketing* móvel. Isto é, a quanto mais aspectos de contato o cliente for exposto, maior a facilidade para acessar produtos ou serviços e, assim, mostrar-se mais inclinado ao fechamento de compra.

Estabelecer o objetivo

Toda propaganda deve partir de um objetivo predefinido (referente à empresa, a um produto ou serviço), incentivar uma iniciativa, promover um novo canal de venda. O importante é considerar um objetivo específico e segui-lo até o fim em todos os canais. É fundamental que fique claro que, sem objetivo estabelecido, de nada adiantará desenvolver uma propaganda. É o mesmo que dar informações para uma pessoa que não compreende seu idioma.

Efetivamente, esse objetivo e a própria propaganda precisam estar de acordo com a missão, a visão e os valores da organização para não acabarem informando algo oposto ao desejado. Devem também observar as premissas do relacionamento *omnichannel*, ou seja, disponibilizar o mesmo objetivo nas diferentes formas de interação.

Delinear o público-alvo

A prioridade de uma empresa deve ser o consumidor, ou seja, seu público-alvo. Direcione todos os seus esforços e recursos em propaganda para quem irá, potencialmente, consumir seu produto ou contratar seu serviço. Do ponto de vista do *omnichannel,* como os canais de comunicação estão integrados e operam com o mesmo objetivo, o cliente facilmente observará que a mensagem é direcionada a ele, e sendo replicada em todos os pontos de contato disponibilizados. Para isso, é necessário delinear o perfil do cliente com base em informações que vão orientá-lo na construção da propaganda, na identificação de qual mídia e qual linguagem devem ser utilizadas no canal de comunicação. Veja algumas informações a respeito do público-alvo que podem ser consideradas:

- Qual a média de idade dos consumidores?
- Em que ambiente os consumidores estão inseridos?
- Qual a margem de renda dos consumidores?
- Quais meios de comunicação os consumidores utilizam?
- Como os consumidores dialogam?

Assim, quando alinhado ao *omnichannel*, o delineamento do público-alvo habilita o mapeamento dos canais mais adequados ao público e, consequentemente, contribui para que a compreensão da mensagem seja eficaz em todos canais acessados.

Criar a propaganda

Com esses dados em mãos, é hora de criar a propaganda com o objetivo de despertar o interesse do receptor, independentemente do canal que acessa, seja ele *on-line* (aplicativos, *website*, *e-mail*, rede sociai, *retargeting*), *off-line* (*outdoors*, impressos, revistas), seja *instore* (*merchandising* e *layout* de loja). É preciso criar algo que cause alteração imediata de sentimento do indivíduo, de modo que, no primeiro olhar, já chame sua atenção.

Um exemplo claro é a utilização de imagens de crianças ou de cachorros em propagandas. Isso acontece porque esses elementos tendem a fazer com que as pessoas se alterem emocionalmente, pois crianças despertam o instinto paterno ou materno e cachorros representam apego ou lealdade.

O importante é emocionar, permanecer na mente das pessoas, instigando o desejo de trazer tal sentimento para sua vida. Com isso, a propaganda desenvolverá, quase que imediatamente, um "distúrbio" no aspecto emocional ou instintivo do indivíduo alcançado por ela.

A comunicação direcionada e efetiva no *omnichannel* visa atribuir à marca maior visibilidade e formar comunidades de clientes que adquirem produtos ou serviços não apenas pela qualidade, mas também pela identificação, satisfação e fidelização com a marca.

No que concerne ao conteúdo escrito, recomendamos destacar ao máximo o **título principal** e os subtítulos, apresentando sempre informações diretas, curtas e claras. Lembre-se de que são os títulos que farão as pessoas continuarem a ler os demais textos da propaganda. Muitas utilizam palavras de caráter temporal, como *agora* ou *já*, ou adotam certo suspense, com o uso de expressões como *clique aqui e descubra*.

Para impactar os consumidores e expor suas ideias que devem ser veiculadas, destacamos três tipos principais de propaganda: comerciais, institucionais e governamentais. Um caminho estratégico para pôr em prática na sua empresa.

Heller (2013) destaca que, na **propaganda comercial**, a ideia é que os varejistas e prestadores de serviço convençam o cliente de que seu canal ou sua empresa vendem aquilo de que ele precisa, sendo esse o tipo mais orientado ao *omnichannel*.

A persuasão precisa ser feita com bases sólidas, ou seja, oferecendo o produto ou serviço com o intuito de reforçar suas vantagens para o público, que podem ser relativas a preços, características físicas e valores subjetivos.

Contudo, essa persuasão precisa ser constituída com exemplos concretos e gatilhos emocionais para despertar um verdadeiro desejo de consumo. As funcionalidades do produto ou serviço são ressaltadas, informando como o consumidor poderá ser beneficiado.

Como exemplos, em canais de venda física, mencionamos os anúncios de promoções em catálogos de supermercado, e, em canais *on-line*, os lançamentos de produtos, o patrocínio de eventos, a contratação de influenciadores digitais ou alguma atividade que promova, direta ou indiretamente, o consumo e que gere receita ao anunciante.

Diferentemente dos outros dois tipos, a **propaganda intitucional** não tem a intenção de gerar lucro com a ação, mas sim expressar mensagens de caráter social, comunicar a respeito de ações institucionais, difundir dados de mercado ou estabelecer uma visão positiva da empresa.

Como exemplo, as propagandas relativas a causas sustentáveis, ao consumo consciente, a políticas públicas, ao feminismo, ao consumo de álcool, como ilustra a Figura 5.1.

Figura 5.1 – Perigo de consumir álcool e dirigir

Governo de Mato Grosso

A propaganda governamental é aquela realizada por governos ou órgãos públicos com o objetivo de comunicar à sociedade suas campanhas, seus eventos, suas realizações e prestações de contas. É utilizada, por exemplo, no caso de anúncio do governo em períodos de vacinação ou em campanha para regularização do título de eleitor.

Importante!

É preciso atentar para o fato de que, de acordo com a legislação brasileira, em propagandas governamentais, é proibida a promoção da imagem de qualquer autoridade, como governantes, parlamentares e ministros.

Ainda sobre campanhas publicitárias, vamos destacar, a seguir, os seis principais tipos: promocionais, de lançamento, de sustentação, de campanhas de oportunidades ou sazonais, sociais e educativas e de revisão de marca.

Campanha promocional

Também denominada *campanha de varejo*, referem-se a estratégias agressivas de publicidade com o objetivo de dar impulso às vendas de um produto ou serviço. São utilizadas no âmbito das propagandas comerciais, na maioria das vezes, quando surge a necessidade de girar o estoque, fazer liquidações, provocar a concorrência ou alcançar metas de vendas.

A linguagem nesse tipo de propaganda é puramente comercial, com um tom mais imperativo e destacando os preços e os descontos nas peças publicitárias. Além disso, é normal encontrarmos gatilhos ligados à urgência e à escassez, com o uso de expressões como *só hoje!*, *corra para a loja!*, *últimas peças!* etc.

Campanha de lançamento

Esse tipo de campanha é utilizado para divulgar o lançamento de um produto, serviço ou canal, exatamente como indica seu nome. Habitualmente, faz uso de uma linguagem com tom mais educativo e informativo, já que seu objetivo é informar as principais características propostas no lançamento.

Muitas vezes, essas campanhas também são uma espécie de pré-lançamento, nas quais é adotada uma comunicação mais provocativa com o objetivo de gerar curiosidade, interesse e expectativa no público em relação ao produto.

> ### Exemplificando
>
> A empresa de tecnologia Apple sempre realiza um grandioso evento de lançamento de seus principais produtos, como o Iphone, o Ipad e o Macbook, bem como os anúncios de novos sistemas operacionais. Além do evento, promove ações de propaganda em *trailers* de filmes disponibilizados no cinema, na televisão e em redes sociais.

Campanha de sustentação

Esse tipo de campanha tem o objetivo de manter o interesse do público em uma oferta divulgada, fazendo com que ela não caia no esquecimento por parte dos consumidores.

É muito importante não gerar intervalos temporais entre as campanhas de lançamento e sustentação. Recomendamos trocar os formatos de mídia, porém, sempre mantendo a divulgação da oferta no ar, por se tratar de uma fase de maturação no uso do produto ou serviço.

Campanha de oportunidade

Esse tipo de campanha também é conhecido como *sazonal*. Costuma ser um tipo desenvolvido juntamente a eventos específicos, com objetivo de promover uma marca, um produto ou um serviço.

Campanhas assim são bastante frequentes nos dias atuais, como as que podem ser vistas nas redes sociais, quando alguém posta um *tweet* ou uma foto no Instagram com a *hashtag* do momento. Outros exemplos muito propagados são as semanas de *Black Friday* e os grandes eventos esportivos, entre outros.

Campanha social ou educativa

Esse tipo de campanha é utilizado quando uma organização, pública ou privada, deseja chamar a atenção das pessoas para causas sociais, como, por exemplo, combate às drogas, adoção de animais, preservação da natureza, entre outras.

No geral, essas campanhas têm a intenção de fornecer informações ou ensinamentos à sociedade sobre temas relevantes aos consumidores e para o público em geral.

Veja, na Figura 5.2, um exemplo da campanha realizada pela Prefeitura de Jaú em prol da adoção de animais.

Figura 5.2 – Campanha para adoção de animais

Prefeitura de Jaú

Campanha de revisão de marca

Como o próprio nome indica, esse tipo de campanha acontece quando há a necessidade de corrigir ou esclarecer uma informação errada ou confusa, transmitida por uma marca em um de seus canais. A linguagem utilizada precisar ser muito clara e informativa para não provocar novos equívocos relacionados à imagem da marca. Apesar de pouco utilizado, esse tipo de campanha pode ser necessário em algum momento, razão pela qual é importante conhecê-lo.

Embora este capítulo seja direcionado às estruturas de comunicação tradicional, estas subsidiam a construção processos integrados de comunicação no *omnichannel*. Quando integrada e direcionada, a propaganda auxilia a marca no estabelecimento de seu posicionamento e em sua comunicação em todos os canais, potencializando aspectos como visibilidade, presença, vínculo e fidelização dos clientes.

Em suma, a propaganda *omnichannel*, em suas estratégias de comunicação, potencializa as atividades de seus canais, fornecendo pontos de contato eficientes que auxiliam a obtenção de métricas para o aprimoramento contínuo de campanhas.

5.6 Comportamento *free-riding* no varejo multicanal

O conceito do termo econômico *free-riding* se refere a alguém que obtém os benefícios de uma mercadoria, mas evita pagar o preço por ela. Trata-se de um comportamento considerado como falha do mercado (privado), proveniente das externalidades, mas se tornando um bem público.

Os bens públicos não são exclusivos, pois o *free-riding* impede que os mercados privados os atendam. Se o governo acredita que o benefício (social) total excede o custo, o governo pode usar a tributação para resolver o problema. Quando não for mais possível para o mercado cooperar, e as empresas estiverem considerando especificamente seus lucros, elas acabarão incentivando o uso gratuito com um significado mais amplo.

A tradução do termo *free-riding* pode remeter tanto a "carona" quanto a "oportunismo", constituindo-se em um dos grandes desafios da operação multicanal.

Pesquisas realizadas com base na microeconomia neoclássica abordam o problema de que os participantes do mercado não capturam o uso dos recursos e, portanto, o mercado para tais recursos não produzirá os melhores resultados. Recursos com essa característica podem assumir a forma de bens públicos, dependendo da existência ou não de competição pelo consumo.

No setor de varejo, os consumidores podem "pegar carona" quando a empresa não pode cobrar apenas pelos serviços, fornecendo informações sobre o produto. O uso do termo também abrange a incapacidade da empresa em distinguir caronas de outros clientes.

O investimento necessário para concluir a venda (como manter o trabalho de vendas informado, sustentar um espaço de *showroom* e gastos com *marketing* e publicidade) não pode ser recuperado em vendas separadas dos produtos físicos.

O que é

O *showroom* é um local destinado à exposição de produtos para venda, geralmente utilizando grandes espaços para expor produtos como carros, móveis ou objetos grandes. Contudo, esse termo também está sendo empregado na venda de roupas e maquiagens.

Assim, Dias (2014, p. 43-44) destaca: "Se uma loja pratica vendas abaixo dos preços ofertados por outra loja, ocorre a possibilidade de *free-riding* em cima do investimento feito pela última, erodindo o incentivo à promoção de qualquer loja que o faça primeiramente".

Nesse contexto, a gestão varejista deve estar alerta quanto à prática do *free-riding*, a fim de que sejam tomadas as melhores providências na intenção de evitá-lo. Tal desafio pode parecer complexo, mas faz parte do escopo das operações multicanais, e o sucesso comercial pode depender dele.

Por fim, o *marketing* multicanal é uma estratégia que visa executar atividades de *marketing* em vários canais ao mesmo tempo. A proposta é aproveitar ao máximo suas possibilidades, fazendo com que elas se adaptem aos diferentes canais e gerem visualizações únicas, mas que atinjam seu público-alvo por meio de diferentes recursos de comunicação.

O desenvolvimento do ambiente virtual para consumo é fundamental para o número de canais que comunicam ativamente suas estratégias de *marketing*. Assim, o *marketing* digital torna-se uma realidade importante, que ajuda a consolidar algumas práticas tradicionais *off-line* que ainda podem ter um grande impacto nos consumidores.

O principal objetivo do *marketing* aplicado às operações multicanais é garantir que, independentemente do canal utilizado por um consumidor, a mensagem seja consistente.

Exercício resolvido

A Copa do Mundo Fifa é um dos eventos internacionais mais cobiçados pelas empresas de venda de produtos ou prestação de serviço, pois agrega muito valor e reconhecimento a uma marca, além da imensa visibilidade, uma vez que tem milhões de expectadores mundo a fora. Dessa forma, proporcionalmente aos benefícios, o valor de propagandas nesse tipo de evento alcança facilmente a casa dos milhões. Trata-se de uma campanha do tipo:

   a. de oportunidade.
   b. social.
   c. educativa.
   d. de lançamento.

Gabarito: a

Feedback **do exercício**: As campanhas de oportunidades são desenvolvidas juntamente a eventos específicos com o objetivo de promover uma marca, um produto ou um serviço, a exemplo das propagandas na Copa do Mundo.

5.7 Operações de atendimento no *omnichannel* e identificação de clientes nos locais físicos

Como visto, o serviço de atendimento ao cliente no *omnichannel* deve ser capaz de atender a todas as demandas de seus consumidores, independentemente do canal de origem ou da motivação, que pode ser uma dúvida, uma reclamação, uma sugestão etc.

Para que o atendimento *omnichannel* seja possível, a empresa precisa fazer com que os dados das interações com os clientes estejam disponíveis e acessíveis em todos os seus canais de comunicação, podendo ser empregados, para isso, os serviços em nuvem (Garcia, 2020).

Nesse sentido, a principal proposta do *omnichannel* é promover a convergência dos pontos de venda e de todos os demais canais utilizados. Tal convergência busca que o consumidor não perceba diferenças entre o mundo *on-line* e o *off-line*. Recorde que o *omnichannel*, ao integrar lojas físicas, virtuais e compradores, viabiliza a exploração de todas as formas de interação.

Em razão da maior eficiência da automação, os processos operacionais podem ser concluídos mais rapidamente, conectando o cliente a um atendente. Esse atendente pode ser virtual, que, por meio de um *machine learning*, identifica a melhor maneira de interagir com os usuários no decorrer do tempo, sendo capaz de responder ao cliente de modo eficiente.

O que é

Machine learning é um campo de estudo da inteligência artificial que busca a construção de algoritmos autônomos. O emprego do *machine learning* permite reconhecer e extrair determinados padrões, pela observação ou experiência, e, com isso, elaborar um modelo de aprendizado. Tal modelo é capaz de executar tarefas que demandam maior complexidade e dinamismo, bem como prever determinados contextos de modo inteligente e reagir a eles.

Por exemplo, quando um possível cliente entra no *site* de uma empresa, o *machine learning* consegue rastreá-lo (caso ele se identifique) e reconhecer muitos aspectos sobre ele, como sua localização, suas preferências naquele momento etc.

Para o *omnichannel*, não basta apenas isso, é preciso conhecer também os clientes que buscam os locais físicos. Observe que nem sempre é possível fazer com que todos os usuários (consumidores), ao utilizarem algum tipo de canal para a busca de informações, realizem um cadastro, o que facilitaria sua identificação. No entanto, existem muitos *softwares* que podem ser utilizados para auxiliar tal processo.

Um desses processos é o *face recognition*, um *software* capaz de identificar desde a entrada de um cliente em uma loja física, seu humor e suas emoções, oferecendo, assim, um atendimento personalizado de acordo com cada cliente. Essa tecnologia também identifica aspectos pessoais como cor dos olhos e do cabelo, o tom da pele e a idade estimada. Além disso, o sistema pode cruzar a face reconhecida com todas as redes sociais para localizar dados desse consumidor, tudo isso para auxiliar no contato.

Exemplificando

A Omnistory foi uma das primeiras lojas físicas a utilizar o reconhecimento facial. Com o emprego do *face recognition*, a empresa pode identificar o gênero e a faixa etária de cada cliente, além de observar se a experiência foi positiva, neutra ou negativa (Meio&Mensagem, 2021).

Ainda no que tange ao atendimento no *omnichannel*, é um desafio desenvolver ofertas personalizadas e inteligentes que atraiam o consumidor e, ao mesmo tempo, despertem nele o interesse pelos produtos e serviços de uma marca. Por esse viés, o *marketing* de proximidade, como é o caso dos *beacons*, pode possibilitar a personalização da experiência de compra e torná-la mais atrativa.

O *beacon* corresponde a uma evolução do *bluetooth* e é utilizado para atrair o cliente e identificar os ambientes do estabelecimento que mais lhe interessam, ou seja, esse dispositivo detecta o cliente e acompanha sua movimentação dentro da loja, identificando quais as prateleiras que ele observa. Com essa informação, o sistema pode desenvolver estratégias de comunicação e enviar ofertas personalizadas de acordo com as necessidades ou preferências do consumidor.

5.8 CRM, *chatbots* e *business inteligence*

O consumidor atual transita entre o meio *on-line* e *off-line*, e esse novo padrão de comportamento demanda a reinvenção das formas de interação com esse público. Diante disso, as estratégias do *omnichannel* cada vez mais se consolidam, principalmente no que diz respeito à oferta da melhor experiência possível nos canais existentes.

Integrar os canais de atendimento é fundamental à estratégia *omnichannel*, pois isso permite que todas as informações sejam concentradas em uma única base. Por esse viés, a integração de dados pode ocorrer por meio de um *customer relationship management* (CRM) ou "gerenciamento do relacionamento". Observe que o mercado dispõe de vários sistemas de CRM para auxiliar no acompanhamento da jornada do cliente no ambiente *on-line*. O CRM compreende um agrupamento de estratégias, métodos, transformações organizacionais e procedimentos pelos quais a empresa deseja dirigir melhor seu próprio negócio em relação ao comportamento do cliente.

Tem como ponto principal todas as áreas de relacionamento e interação com clientes. Suas ferramentas incluem diversas atividades como vendas, *marketing*, serviço ao cliente, *e-commerce* e mídias sociais, que habilitam um canal e uma experiencia única para o cliente. O **CRM** *commerce*, em cenários *omnichannel*, dispõe de um conjunto de ferramentas que pode oferecer uma experiência uniforme e consistente, por meio de múltiplos canais como mobilidade, navegador de internet, *call center* ou canal pessoal. Ainda, pode auxiliar no aperfeiçoamento da experiência e satisfação do cliente ao oferecer a personalização, como apontam Almeida e Chagas (2018).

Para Borges (2020), *chatbot* é a união das palavras *chat,* que quer dizer "bate-papo", e *bot*, que significa "robô", ou seja, é um "robô de conversa". Esse recurso propõe o estabelecimento de uma conversa mais personalizada com o cliente ou usuário, entregando informações mais precisas para os departamentos de *marketing* e vendas da empresa.

Essa ferramenta utiliza a inteligência artificial e, muitas vezes, faz parecer que o cliente está conversando com uma pessoa real. Com ela, é possível ter uma aproximação maior com o cliente, compreender suas necessidades, dispor de um atendimento mais ágil, bem como coletar dados que poderão ser utilizados para auxiliar as atividades da empresa.

> ### Exemplificando
>
> A marca americana Sephora trabalha com as *selfies* de seus clientes, as quais são obtidas pelo Facebook Messenger. A inteligência artificial aplicada pelo *chatbot* consegue, com uso das fotos recebidas, sugerir o tom de batom ideal para cada cliente.
>
> O *chatbot* compreende programas de computador que estabelecem conversação com o cliente em linguagem natural, e não apenas reativa: um *chatbot* é capaz de manter um diálogo coerente como se fosse um ser humano (Cruz; Alencar; Schmitz, 2018).

Assim, a comunicação desempenha um papel importante nas operações multicanal e, para que ela seja eficaz, deve levar em conta a integração dos canais de relacionamento e vendas, demonstrando ao cliente que ele é único para a marca e receberá o mesmo tratamento em todos os pontos de contato e canais que venha a utilizar. Para isso, existem soluções, ferramentas e recursos para aperfeiçoar os processos de coleta, organização e classificação dos dados concebidos pelo contato com o cliente, nos diferentes dispositivos e canais. Essa responsabilidade fica a cargo do *business intelligence* (BI), como afirmam Alves e Baravelli (2019). O termo *business intelligence* compreende metodologia de coleta, organização, avaliação, compartilhamento e controle de informações que oferecem suporte à gestão de negócios (Borges, 2020). Essas informações são essenciais no relacionamento com os clientes e auxiliam na gestão das operações multicanais.

No *omnichannel*, o BI auxilia na integração síncrona dos canais de comunicação. Tendo em vista que o fluxo informacional será robusto e volumoso, o BI, por meio de suas estruturas, permitirá o adequado e estratégico gerenciamento, isto é, auxiliará na interpretação, na seleção e na análise de dados e informações coletados.

Uma vez integrados e gerenciados, os dados e as informações podem ser empregados como fontes de *insights*, como: lançamento e adequação de estratégias de *marketing* (assertividade no direcionamento), otimização de pontos e canais de vendas e comunicação, adaptação às demandas de clientes etc. Por exemplo, reunir dados e informações que demonstrarão quem é o público-alvo, o que esse público busca, em que plataformas ele se encontra e quais as métricas empregadas para se decidir por um produto, um serviço ou uma marca.

Dessa forma, para que exista uma comunicação eficiente e personalizada em cada uma das diferentes etapas do processo, será necessário também o emprego das informações geradas e armazenadas pelo BI, visto que, ao reunir dados de clientes e transformá-los em informações relevantes, reais e tempestivas, essa tecnologia mostra-se capaz de embasar decisões que convertam experiências positivas em relacionamentos duradouros.

Síntese

Neste capítulo, você estudou:

- o conceito *marketing* nas operações multicanal;
- as aplicações do *marketing* nas operações multicanal;
- as estratégias de *marketing* multicanal;
- os principais tipos de propaganda;
- os objetivos das propagandas;
- o comportamento *free-riding*;
- os impactos do *free-riding* nas operações multicanais.

Planejamento e controle de estoques multicanais

Conteúdos do capítulo:

- Planejamento e controle de estoques multicanais.
- Sistemas integrados de estoque.
- Tipos de estoque.
- Funções e ferramentas para controle de estoque.
- Sistema de manufatura.

Após o estudo deste capítulo, você será capaz de:

1. entender os conceitos de estoque;
2. compreender o planejamento e controle de estoques multicanais;
3. delinear os principais tipos de estoque;
4. conhecer as funções do controle de estoque;
5. caracterizar as ferramentas para controle de estoque;
6. descrever o que é manufatura;
7. compreender os diferentes sistemas de manufatura.

Para manter a competitividade, as empresas multicanais estão se adaptando ao processo de globalização por meio da implementação de tecnologias modernas e de novos processos organizacionais para a gestão de seus estoques, com o objetivo de controlar melhor seus recursos materiais.

capítulo 6

Conforme Verhoef, Kannanb e Inman (2015), a estratégia de distribuição transformou-se muito nos últimos anos, principalmente em decorrência das mudanças ocorridas nos canais de distribuição e nos processos de compra dos clientes. Isso fez com que as organizações que operavam com apenas um único canal passassem a disponibilizar novas formas de acesso a seu público.

Assim, houve o incremento dos pontos de contato entre organizações e clientes, tais como: redes sociais, aplicativos, *e-commerce*, *telemarketing* e canais tradicionais. Tal multiplicidade impacta sobre a forma de busca e consumo, uma vez que os clientes podem transitar entre os diferentes canais que integram a experiência *omnichannel* (Verhoef; Kannan; Inman, 2015).

Essa nova maneira de relação afeta a escolha de canais de distribuição, bem como o planejamento e o controle de estoques. Usualmente, sistemas de distribuição envolvem diferentes atores, que variam conforme o modelo de negócio.

O processo de armazenamento é vital para o sucesso de uma organização, pois saber onde guardar as mercadorias, quanto produto estocar, qual o meio de transporte utilizado e exercer uma gestão eficaz nesses processos são aspectos essenciais para aumentar o valor do negócio.

Algumas empresas já buscam tecnologias inovadoras na área de controle e armazenamento de estoque, definindo, assim, a importância desse processo como um todo para a guarda de estoques de organizações varejistas, em qualquer área de atuação.

Uma boa gestão de estoque ajuda a reduzir o valor monetário envolvido, no intuito de torná-lo o mais baixo possível, mantendo a capacidade de atender à demanda nos mais altos níveis de segurança e quantidade. Por sua vez, uma gestão de estoque inadequada pode tornar esse processo caro, pois mantê-lo sem planejamento acarreta riscos, já que os itens no estoque podem tornar-se obsoletos ou perdidos com o tempo, além de ocuparem um espaço valioso.

Por outro lado, um bom sistema para gerir estoques fornece certo grau de segurança em um mercado complexo e incerto. Além disso, se o consumo e a comercialização forem realizados no processo de entrega imediata, a manutenção dos itens em estoque pode ser utilizada como garantia contra imprevistos.

Segundo Dandaro e Martello (2015), as empresas usam diferentes tipos de estoques que precisam ser gerenciados. No entanto, esse gerenciamento é uma das atividades mais importantes para a manufatura.

O que é

Manufatura é um processo de produção de produtos padronizados e em série, ou seja, ocorre quando são produzidos produtos iguais, em grande escala.

No que tange ao multicanal ou *omnichannel*, o planejamento e controle de estoques é um desafio em termos de organização e planejamento para que as rotinas demandadas aconteçam de modo eficiente e com reduzida ocorrência de erros.

São exemplos de desafios ao planejamento e controle de estoques: a definição de quais itens disponibilizar em cada canal, como disponibilizar os itens nos canais, como controlar o estoque a fim de suprir a demanda e realizar compras assertivas, como avaliar a responsividade e a *performance* dos canais etc.

Para superar tais desafios, é importante empregar sistemas que organizem, reúnam e otimizem as informações necessárias aos processos de planejamento e controle. O emprego do *enterprise resource planning* (ERP), nesse sentido, pode contribuir para a operação, a organização, a agilidade e a segurança das operações. Por exemplo: o ERP permite que processos e canais sejam integrados, evitando falta de itens ou atraso no envio de pedidos.

Uma das principais razões para um bom planejamento e controle de estoque é que, ao atuar sobre a eficiência e a eficácia dos negócios da organização, um enorme impacto financeiro pode ser alcançado.

Assim, o objetivo deste capítulo é analisar estoques para empresas que se utilizam de operações multicanais, os principais tipos de estoques e as ferramentas de gestão de estoques disponíveis, com foco no planejamento e controle de insumos, visando atender as necessidades de consumo.

6.1 Compreendendo o planejamento e o controle de estoques multicanais

A gestão de estoques surgiu para atender às necessidades da empresa de controlar todo o fluxo de produtos, que envolve: a vida útil, a quantidade armazenada e o ciclo de reposição. No Brasil, o estudo sobre gestão de estoques teve início na década de 1950. Nesse contexto, Viana (2000) destaca que, para qualquer empresa, tanto nos aspectos econômicos quanto fundamentais ou nos operacionais, o estoque é um componente de extrema relevância.

As empresas varejistas podem ter um galpão para armazenamento de produtos comercializados no dia a dia por seus diferentes canais, mantendo algum tipo de inventário, ou operar com empresas terceirizadas que realizem as operações em suas instalações. Dessa forma, o estoque deve ser utilizado como fator de ajuste do fluxo de produtos da empresa e de seus canais, ou seja, a velocidade com que o produto chega na empresa é diferente da velocidade com que ele sai, havendo necessidades de determinadas quantidades que ora aumentam, ora diminuem, proporcionando um amortecimento das variações de vendas.

Estoque pode ser definido como uma pilha de matérias-primas, insumos, componentes, produtos em elaboração ou acabados, disponíveis em todos os canais de logística de uma empresa (Dandaro; Martello, 2015).

Por outro lado, Martins (2009) aponta que *estoque* é o acúmulo de recursos materiais armazenados em sistemas de varejo, referindo-se a qualquer quantidade de objetos físicos reservados por um período de tempo, incluindo produtos acabados esperando para serem vendidos ou despachados, bem como matérias-primas e componentes esperando para serem utilizados.

Importante!

A Lei de Gestão de Estoques foi estabelecida com o objetivo de evitar a sonegação fiscal de produtos não declarados. Desse modo, é importante conferir constantemente os registros de estoque conforme o inventário da empresa.

Portanto, o estoque não é composto apenas pelos produtos armazenados em locais específicos para isso, mas também pelos produtos expostos nas prateleiras dos canais físicos e por aqueles anunciados nos diferentes canais de comunicação de uma plataforma multicanal.

O surgimento da gestão de estoque decorre da necessidade de controlar todo o conteúdo envolvido com a compra de produtos de diferentes segmentos de mercado, pois serão vendidos diretamente ao consumidor; portanto, todo produto que estiver em poder da empresa é considerado estoque.

Controlar a quantidade de produtos estocados, decidir quando fazer uma nova compra, organizar e distribuir por lote ou data, marcar, classificar, entre outras, são ações denominadas *gestão de estoque*. Além disso, cumprir as políticas da empresa e o processo integrado da cadeia de valor de suas ações também compõe tal gestão.

O estoque engloba os recursos materiais armazenados no sistema de conversão; e a gestão de estoques tem o objetivo de fortalecer o controle de custos e melhorar a qualidade dos produtos de armazenamento da empresa. As teorias sobre esse tema costumam enfatizar a seguinte premissa: o nível ótimo de estoque pode ser definido para cada componente e produto da empresa, mas só pode ser estabelecido com base na previsão da demanda de consumo do produto.

Sob o viés do multicanal e *omnichannel*, o planejamento e o controle de estoques devem atuar com vistas a manter e dispor em estoque os itens anunciados nos diferentes canais de comunicação. Como comentamos, é necessário o emprego de sistemas que suportem o atendimento de tais demandas.

Conforme vimos, as organizações podem optar em ter um depósito para controle de seu estoque, para que todos os itens que entram e saem da organização e dos demais canais sejam bem administrados. No entanto, podem também optar, no multicanal, pela operação com diferentes depósitos que possam abastecer cada canal e que ser reabastecidos conforme o comportamento de consumo.

A terceirização de estoque pode ser empregada com a utilização de um operador de logística, que realizará o gerenciamento das etapas de armazenamento, controle e expedição. Ou, então, que realizará as operações diretamente do estoque de um distribuidor.

Outra alternativa é o *dropshipping*, na qual uma empresa administra, total ou parcialmente, o estoque de outra empresa. Nessa relação, uma parte se ocupa da venda, e a outra, do envio e da entrega. A vantagem desse modelo reside na possibilidade de divisão de lucros entre as partes.

Perguntas & respostas

Como é mecanismo de operações via *dropshipping*?
Imagine a seguinte situação: determinado cliente realiza uma compra pelo *site* de uma empresa. Quando o pagamento é confirmado, o pedido desse cliente é enviado para um fornecedor parceiro da empresa que tem em seu estoque o produto comprado pelo cliente. Esse fornecedor, então, separa e embala o pedido para envio ao cliente via transportadora ou correio.

A gestão de estoque em multicanais deve ser um processo integrado, que segue a política de estoque da empresa e o fluxo de venda de seus diversos canais, sendo um método que se utiliza da demanda do cliente para transferir produtos para sua rede de distribuição.

É importante destacar que a política de estoques se refere a um conjunto de comportamentos indicativos que estabelecem princípios, diretrizes e normas de gestão de modo global e específico para cada canal de venda. Em qualquer canal, o gerenciamento de estoque precisa manter um equilíbrio entre as diferentes variáveis que compõem o sistema, tais como custos de compra, armazenamento e distribuição, e nível de estoque que atenda às necessidades dos consumidores e usuários.

Assim, o planejamento e o controle do estoque de multicanais implicam assegurar que os itens demandados estarão sempre disponíveis, independentemente do canal utilizado pelo cliente.

Também vale ressaltar que o custo de manutenção de estoque pode ser tão relevante quanto o custo de perda de estoque. Portanto, uma gestão eficaz deve prever a demanda por esses itens em um momento específico, e o emprego de sistemas integrados de estoque pode auxiliar em tal função.

6.2 Sistemas integrados de estoque

De acordo com Dandaro e Martello (2015), a gestão de estoques é um dos setores estratégicos primordiais para a redução e o controle dos custos totais de uma empresa e proporciona melhorias do serviço e no valor agregado. Assim, essa área tem grande importância no papel financeiro das lojas varejistas multicanais e, por esse motivo, merece atenção e planejamento em sua gestão.

A seguir, apresentamos algumas das sistemáticas que podem auxiliar as empresas a controlar desperdícios, incrementar a produtividade e auxiliar o adequado planejamento.

Plano mestre de produção (PMP)

Trata-se de um tipo de documento que destaca quais produtos e quantidades serão produzidos durante determinado período de tempo. Consiste em registros com carimbo de data e hora, que contêm a demanda atual e informações de estoque disponíveis para cada produto final. É uma métrica de planejamento indicada para processos industriais.

Utilizando-se dessas informações, as empresas podem prever o estoque disponível com antecedência; quando o estoque é insuficiente para atender à demanda futura, maiores quantidades são inseridas em sua linha de produção.

Figura 6.1 – Plano mestre de produção

```
┌─────────────────────────┐           ┌─────────────────────────┐
│   Pedidos dos clientes  │           │       Previsões         │
│ (quantidades de itens   │           │ (itens finais, datas de │
│  finais, datas de       │           │      vencimento)        │
│      vencimento)        │           │                         │
└───────────┬─────────────┘           └───────────┬─────────────┘
            │         ┌─────────────────┐        │
            └────────▶│  Plano mestre   │◀───────┘
            ┌────────▶│   de produção   │◀───────┐
            │         └─────────────────┘        │
┌───────────┴─────────────┐           ┌──────────┴──────────────┐
│  Situação do estoque    │           │ Capacidade de produção  │
│ (saldos, recebimentos   │           │ (taxas de saída,        │
│     planejados)         │           │  downtime planejado)    │
└─────────────────────────┘           └─────────────────────────┘
```

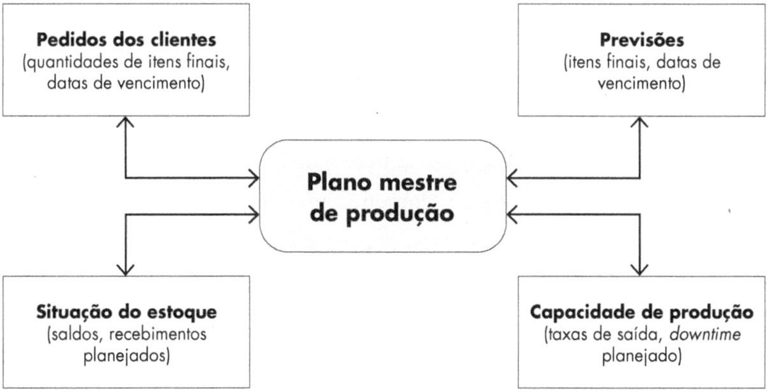

Fonte: Tecnicon Sistemas Gerenciais, 2019.

No geral, a função do PMP é a gestão de pedidos mediante verificação de capacidade durante o processo de entrada de pedidos e da disponibilidade de produtos, por meio das quais é possível perceber se a empresa consegue cumprir o prazo estipulado de entrega.

Planejamento das necessidades de materiais (MRP I)

É uma técnica que determina as necessidades futuras de compras da matéria-prima que será utilizada na confecção do produto final. Sua intenção é diminuir o investimento em inventários, adquirindo a quantidade adequada no período determinado e necessário.

Os principais objetivos da MRP I são:

- Minimizar os custos com estoques.
- Controlar os produtos perecíveis.
- Reduzir a improdutividade.
- Evitar a falta de produtos.
- Reduzir o custo de transporte.
- Minimizar o custo de compra.

Por sua vez, os benefícios da implementação de um MRP I estão relacionados, principalmente, ao auxílio na produção ou na compra de produtos necessários para determinado período, visando eliminar grandes estoques; existem ainda benefícios relativos à geração de ordens de produção e demanda de compra baseada em previsões de venda.

Em outras palavras, o MRP I realiza uma projeção do saldo em estoque, calculando as previsões de venda e as necessidades de acordo com os dados analisados sobre a demanda do segmento em que a empresa se insere.

Para atingir seus objetivos, as lojas precisam ter boas interações entre todos os departamentos e os processos que as compõem, se estiverem, de fato, organizadas dessa forma. Tal interação deve ser realizada pelo modo mais eficaz para otimizar os esforços. Essa demanda é mais bem atendida pelo ERP, que será abordado adiante.

Planejamento dos recursos de manufatura (MRP II)

Diferentemente do MRP I, esse é um tipo de planejamento para orientação sobre as principais decisões relacionadas ao processo produtivo, ou seja, com quais recursos deve-se produzir determinado produto, já que os gestores de estoques precisam manter-se familiarizados com cada detalhe dos *inputs*, dos *outputs* e de seu processamento.

O MRP II é uma métrica de planejamento indicada para processos industriais.

Tal processamento é composto por ações que envolvem o planejamento e o controle operacional da produção, cujas funções principais são:

- Planejar a produção.
- Planejar as necessidades de venda.
- Construir um calendário geral de produção.
- Planejar as necessidades de matéria-prima.
- Realizar compras assertivas.

Sua implementação proporciona vantagens relacionadas a processos mais eficientes de gestão de estoques, com rotação de produtos e consistência no tempo de entrega ao cliente final, bem como redução de mão de obra, podendo fornecer também dados e ferramentas essenciais à tomada de decisão e à definição de estratégias de curto, médio e longo prazos.

Planejamento de recursos empresariais (ERP)

Como visto em capítulos anteriores, é crescente a multiplicidade das interações entre clientes e organizações que operam no varejo, e essas novas interações e experiências têm sido suportadas e oportunizadas pelo modelo *omnichannel*. Isso trouxe vantagens tanto para o consumidor quanto para o mercado, mas também desafios, como a gestão de estoque adequada a essa nova realidade.

A gestão de estoque também abrange mais do que controlar os produtos de uma empresa, pois deve considerar as necessidades em determinadas áreas de armazenamento e manter um equilíbrio entre estoque e consumo. Contudo, no caso de empresas multicanais, é melhor aplicar esse controle por meio de um sistema de gerenciamento integrado, como o ERP.

Esse sistema integrado facilita o fluxo de dados entre todas as ações da empresa, desde a aquisição ou produção do produto, passando pela logística de abastecimento e entrega, até os setores administrativos e financeiros. É desenvolvido com auxílio de um banco de dados que funciona em uma plataforma comum que interage em conjuntos (módulos) integrados de operações. É a ferramenta ideal para empresas multicanais.

Um ERP, como instrumento de planejamento e controle de estoques em multicanais, atualiza os estoques para que não ocorram problemas por falta de itens em estoque. De maneira prática, o ERP pode ser auxiliado pelo emprego de ferramentas de automação de pedidos, como OMS; ao aliar ERP com OMS, sempre que determinada compra for efetivada, o estoque será atualizado para próximas operações.

A maior vantagem do sistema ERP é que possibilita a integridade de dados e processos fluídos em uma única ferramenta, proporcionando habilidades integradas e agilidade do departamento solicitante do serviço. Listamos a seguir algumas ações que exemplificam as vantagens da integração do ERP em operações multicanais:

- A análise de dados provenientes de relatório de giro de estoque pode orientar a escolha mais assertiva de qual produto anunciar em cada canal, bem como avaliar os preços mais atrativos em cada um deles. Essa ação pode contribuir para o giro de estoque.
- O uso de listas de preço para anúncios personalizados em cada canal. Pela integração do ERP, é possível, conforme módulos integrados, otimizar e personalizar a precificação por canal, considerando aspectos como valor de frete, valor de comissões e outros custos incorridos. Assim, cada canal terá um custo a ser analisado, o que permitirá ajustes e múltiplas opções aos clientes, oferecendo descontos nas compras por quantidade, por exemplo.
- Em razão da integração proporcionada pelo ERP, os dados do cadastro de produtos podem ser enviados para as lojas e canais de uma só vez.
- O ERP facilita a gestão centralizada e eficiente de pedidos, assim não há atraso no envio dos pedidos, o que permite um melhor controle,

uma vez que os pedidos são centralizados em um repositório, e as ações de separação, emissão de notas fiscais e envio de encomendas podem ser sequenciadas.

Figura 6.2 – Gestão de sistemas de estoque

Assim, a gestão de estoques pode operar totalmente integrada, sendo registradas todas as ações, como, por exemplo, introduzir ou extrair qualquer produto do estoque. A gestão de estoques pode, ainda, auxiliar na obtenção de dados relativos às vendas do mês de acordo com a categoria de produtos ou com as regiões de consumo.

As organizações devem construir um bom planejamento de recursos de ERP, pois essa ferramenta provê as informações básicas necessárias para gerenciar o cotidiano da empresa. Os gestores podem não apenas controlar melhor o estoque de produtos, mas também integrar novos conhecimentos com mais facilidade, aumentando a velocidade das operações e ganhando cada vez mais espaço dentro do mercado.

O planejamento de recursos empresariais, de modo geral, é um sistema que consiste em *hardware, software* e redes de comunicação. Contudo, para obter bons resultados no sistema, deve existir uma boa implantação e uma adequada configuração do ERP.

Perguntas & respostas

Como é possível definir ERP *omnichannel*?

Um ERP *omnichannel* é um sistema que possibilita a integração da gestão de canais físico e *on-line*, otimizando, assim, as operações e a experiência do cliente. O foco, portanto, é a integração e a mobilidade.

O gerenciamento eficaz de mudanças e o treinamento dos envolvidos são essenciais para adaptar os colaboradores a novas funções, responsabilidades e sistemas de gerenciamento, medição e monitoramento de dados, entre outros.

Assim, é possível constatar que a gestão de estoques impacta direta e significativamente sobre o desempenho e sobre a situação financeira das organizações. Logo, sua adequada gestão deve estar de acordo com os objetivos da empresa e, para isso, é necessário compreender os tipos de estoque e as formas de controle.

Exercício resolvido

Os sistemas complexos que compõem os processos de empresas multicanais necessitam, além da mão de obra especializada, de dados sobre a demanda do mercado para que obtenham sucesso em seus planejamentos estratégicos. Um dos pontos de enfoque dessas organizações é o atendimento das necessidades dos clientes do modo mais prático e rápido possível, atentando para fatores relacionados ao processo logístico de estoque e à entrega dos produtos ao consumidor. Contudo, com a grandiosidade dos estoques e a localização dos centros de distribuição, tornou-se humanamente impossível gerenciar tantos dados manualmente. Assim, destaca-se a importância dos sistemas informatizados de controle de estoque e outros, desenvolvidos para auxiliar os gestores.

Considerando isso, qual sistema de controle de gestão de estoque estabelece as necessidades de compras futuras em uma empresa?

a. PMP.
b. MRP I.
c. MRP II.
d. ERP.

Gabarito: b

Feedback **do exercício**: O planejamento das necessidades de materiais (MRP I) é o sistema de gestão de controle que determina as necessidades futuras de compras da matéria-prima que será utilizada na confecção do produto final. Seus principais objetivos são: minimizar os custos com estoques; controlar os produtos perecíveis; reduzir a improdutividade; e evitar a falta de produtos.

6.3 Tipos de estoque

Existem hoje vários métodos de controle de estoques que, se usados corretamente, podem ter um impacto significativo no caixa e nos custos operacionais das organizações.

Dandaro e Martello (2015) defendem que há vários motivos para o desequilíbrio entre as taxas de oferta e de demanda em diferentes pontos de qualquer operação, fato que leva a diferentes tipos de estoque. Por sua vez, Arnold (1999) aponta que existem muitas formas de classificar os estoques, mas a classificação mais frequente envolve o fluxo de entrada e saída de produtos em uma empresa.

Dessa forma, os tipos principais de estoques se referem à matéria-prima, aos produtos em processo e aos produtos completos:

- **Matéria-prima**: são itens adquiridos para entrar em processo produtivo, ou seja, aqueles que serão utilizados para produzir algo.
- **Produtos em processo**: são produtos que já estão em seu processo de produção e operação.

- **Produtos completos**: são produtos adquiridos prontos ou que já concluíram seu processo de produção, aguardando a comercialização em *marketplaces* ou em plataformas de *e-commerce* (Figura 6.3). Esse é o tipo de estoque mais utilizado por grandes grupos varejistas.

Figura 6.3 – Exemplo de produtos completos

Gurza/Shutterstock

As empresas devem dar grande importância aos tipos de estoque, uma vez que são essenciais para o funcionamento de qualquer organização varejista, especialmente se procuram minimizar o investimento em estoque e observar suas necessidades enquanto satisfazem os processos que executam.

O controle de estoque nasceu para atender à necessidade da organização, evitar o desabastecimento ou o excesso de produtos acumulados. No passado, o controle era feito manualmente, por meio de fichas de prateleira ou de controle. Até hoje existem empresas que se utilizam desses sistemas; entretanto, com o desenvolvimento da informação e da tecnologia, a era da informática aprimorou o controle de estoque, fazendo com que muitas empresas não precisem mais utilizar esse método antigo.

Obviamente, o gerenciamento de estoque se tornou uma atividade de necessária para reduzir a lacuna entre a oferta e a demanda dos produtos. De fato, e independentemente do método utilizado, a rotina deve ser seguida na íntegra, para evitar problemas de controle que afetarão o estoque e causarão prejuízos à empresa. O controle de estoque é um processo usado na indústria e no comércio para registrar, inspecionar e gerenciar a entrada e saída de produtos. Tal controle deve abranger desde as matérias-primas até os produtos acabados (Viana, 2000).

A primeira etapa para obter um bom controle de estoque é ter um sistema bom e confiável, que auxilie no gerenciamento de todos os materiais e ainda possa executar suas outras funções.

Ballou (2006) afirma que, para vários canais, o desafio é proporcionar o produto no tempo certo, com vistas a atender às necessidades de consumo de forma confiável. Para isso, é necessário que a empresa mantenha determinado nível mínimo de estoque. No entanto, a manutenção de estoque envolve custos de armazenamento, de manutenção e custos financeiros de investimento de capital de giro, influenciando o preço do produto final. Por esse motivo é que se faz necessária uma gestão eficaz.

Do ponto de vista financeiro, deve-se manter o controle de estoque, seja em multicanais, seja em modelos menos robustos, de acordo com a tipologia de produtos comercializados, atentando para os seguintes fatores:

- registro das quantidades de cada produto;
- custo unitário;
- custo total;
- produtos adquiridos;
- produtos vendidos;
- cálculo do saldo;
- conferência periódica do saldo resultante no controle de estoque, que deve ser condizente com o estoque físico.

O controle de estoque deve assegurar a alta competitividade do mercado atual, que obriga as empresas a buscar todas as vantagens competitivas possíveis em relação a seus concorrentes. Portanto, tal controle representa um importante investimento de capital, que deve ser reconhecido como potencial fator gerador de negócios, de lucro e até mesmo de acréscimo de valor agregado ao produto.

O adequado planejamento e o controle de estoque asseguram eficiência e otimização em suas funções. Por exemplo, a dinâmica integração atua sobre a indisponibilidade de itens e a consequente insatisfação do cliente.

Dias (2010) destaca as principais funções da gestão de estoque:

- estabelecer a quantidade de estoque que deve ser mantida;
- determinar o período de reposição de produtos;
- definir a quantidade de produtos para determinado período;
- realizar compras;
- receber, armazenar e reparar produtos no estoque;
- disponibilizar informações de controle do estoque;
- realizar a manutenção do estoque;
- avaliar o processo de estoque;
- identificar e remover itens obsoletos ou danificados.

Exercício resolvido

Vivemos em um mundo em constante transformação, tanto no âmbito tecnológico quanto social e comportamental. Trata-se de uma era quase totalmente informatizada, e as pessoas buscam suprir suas necessidades de forma ágil. Nesse contexto, o mercado vem se moldando com a intenção de atender a seus consumidores da melhor maneira possível. Contudo, para prover tais demandas, é imprescindível conhecer esses consumidores.

Nesse contexto, uma das principais funções de um gerenciamento de estoque adequado é:

a. disponibilizar dados.

b. prever a demanda.

c. auxiliar no *marketing*.

d. reduzir o custo do produto.

Gabarito: a

Feedback **do exercício**: As funções no gerenciamento adequado de estoques são: (1) determinar o que deve permanecer em estoque; (2) estabelecer a periodicidade para os estoques serem reabastecidos; (3) definir quanto de estoque será necessário para um período predeterminado; (4) acionar o departamento de compras para executar aquisição de novos estoques; (5) receber, armazenar e atender os materiais estocados de acordo com as necessidades; (6) controlar os estoques em termos de quantidades e valor; (7) disponibilizar dados sobre a posição do estoque; (8) manter inventários periódicos para avaliações das quantidades de itens estocados; (9) identificar e retirar do estoque os itens obsoletos e danificados.

6.4 Funções e ferramentas para controle de estoque

O objetivo primordial do controle de estoque é ter uma boa regulagem da demanda, evitando desabastecimento ou excesso de estoque, o que acaba atingindo o aspecto financeiro da empresa, uma vez que sua manutenção gera muitos custos, levando os gestores a buscar sempre agregar novas ferramentas para minimizar custos.

Assim, as principais funções de um sistema de controle de estoques são:

- aprimorar o nível de serviço;
- incentivar economias na produção e no comércio;
- permitir economias de escala em compras e de transporte de bens;
- agir contra preços inflacionados;
- disponibilizar dados sobre demanda e período de ressuprimento;
- servir como fator de segurança contra contingências.

Portanto, um bom controle de estoque envolve primeiramente o planejamento, com base no seguinte questionamento: Quais produtos apresentam vantagens ao serem estocados?

Para obter a resposta, devem ser ponderados fatores como data de entrega do fornecedor, perecibilidade, demanda e logística, entre outros. A pesquisa determinará a quantidade remanescente no estoque, a frequência de reposição e a prioridade de cada item, bem como a demanda real por produtos em estoque.

Em razão do impacto financeiro do estoque e de sua importância para garantir o abastecimento do cliente, a gestão de estoque tem técnicas específicas para determinar sua dimensão.

O controle de estoques é um fator essencial para as organizações em geral, já que uma boa gestão torna a empresa mais competitiva no mercado em que atua. Assim, um bom sistema de estoque deve ser cuidadosamente planejado para não alterar as características dos produtos comercializados e para manter a visualização e a identificação claras dos itens armazenados.

Dada a relevância do controle de estoque, é oportuno relacionar esse tema ao multicanal.

Sabemos que os consumidores, em geral, realizam pesquisas *on-line* e compram no ambiente físico e vice-versa. Nesse sentido, cada vez mais as organizações buscam soluções ao gerenciamento eficiente e dinâmico de seus estoques. Observe que, nesse modelo síncrono, os produtos devem estar disponíveis em vários locais (canais) ao mesmo tempo, nas quantidades e nos momentos solicitados ao atendimento à demanda dos clientes.

Muitas lojas ainda mantêm alguns itens em estoque porque temem que sejam perdidos da linha de produção ou no centro de distribuição, comprometendo a entrega dos produtos a seus clientes.

Para melhor controlar o estoque e reduzir custos sem afetar os níveis de serviço, é importante classificar os itens de acordo com sua importância relativa no estoque. Dessa forma, para atingir a meta de gerenciamento de estoque, devem ser utilizadas ferramentas que atendam às necessidades de produção da organização, permitindo, com isso, um controle mais eficiente.

O estoque de segurança também é conhecido como estoque isolador. Seu objetivo é compensar a incerteza intrínseca à oferta e à demanda. Por exemplo, o negócio de varejo nunca pode prever a demanda perfeitamente. Ela ará pedidos de produtos de seus fornecedores, de modo que haja sempre certa quantidade da maioria dos produtos armazenados.

O nível mínimo de estoque pode atender à possibilidade de a demanda ser maior do que o esperado no momento da entrega da mercadoria e deve compensar a incerteza no processo de fornecimento de mercadorias para todos os canais e as respectivas demandas.

O controle eficiente de estoques permite que as organizações melhorem significativamente sua gestão, já que podem aprimorar o planejamento do produto não só para evitar atrasos nos pedidos, mas também para melhorar a segurança na tomada de decisões.

O termo *ponto de pedido* representa a diferença entre a quantidade em estoque, a quantidade do pedido e o controle da empresa analisada. Quando a quantidade de estoque é reduzida ao limite ou abaixo do limite, uma ação de reposição de estoque deverá ser executada. Esse ponto é calculado com base na previsão durante o início e o fim de processos, que é tecnicamente chamado de *lead time*.

Para saber mais

Para compreender como calcular o ponto de pedido e o estoque de segurança, sugerimos a leitura do artigo a seguir.

GARCIA, E. S.; FERREIRA FILHO, V. J. M. Cálculo do ponto de pedido baseado em previsões de uma política <Q, r> de gestão de estoques. **Pesquisa operacional**, v. 29, n. 3, p. 605-622, set./dez. 2009. Disponível em: <https://www.scielo.br/pdf/pope/v29n3/a09v29n3.pdf>. Acesso em: 10 nov. 2021.

As previsões que mencionamos trazem benefícios significativos, pois representam uma nova maneira de gerenciar o estoque, em um ambiente em que tais previsões de planejamento adicionam informações valiosas ao processo de gerenciamento e controle de estoque.

A classificação do estoque pela curva ABC se orienta pelo raciocínio do diagrama de Pareto, desenvolvido pelo economista Vilfredo Pareto. Cumpre destacar que é por meio da classificação da curva ABC que há a determinação do grau de importância de itens em estoque, o que habilita o planejamento e o controle em diferentes níveis com base na importância relativa de cada item. A imagem a seguir demonstra o conceito de classificação empregado pela curva ABC.

Figura 6.4 – Exemplo de representação de curva ABC

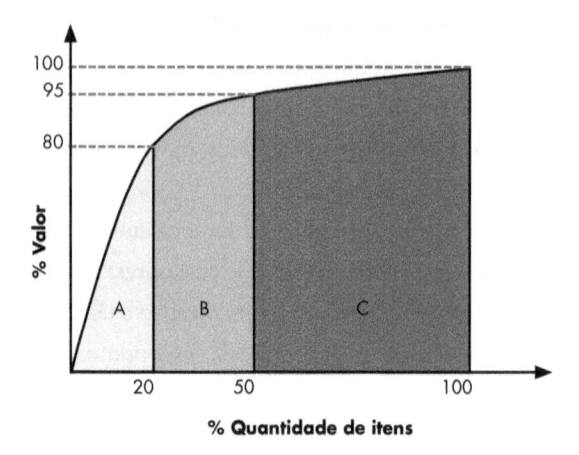

[Gráfico: eixo Y "% Valor" com marcações em 80, 95, 100; eixo X "% Quantidade de itens" com marcações em 20, 50, 100; regiões A, B e C demarcadas sob a curva.]

% Quantidade de itens

A análise ABC é um método de classificação de itens, eventos ou atividades de acordo com sua estimação relativa. Essa análise é usada para selecionar, filtrar, atrair nossa atenção e gerenciar fatores, causas ou itens.

Vitorino (2016) explica que curva ABC é utilizada para o gerenciamento de estoques com a finalidade de realizar um controle mais apurado dos produtos em estoque e buscar a diminuição de custos sem comprometer o nível de atendimento aos clientes. Esse nome decorre da metodologia utilizada:

- **Classe A**: de maior importância, valor ou quantidade, correspondendo a 20% do total.
- **Classe B**: com importância, quantidade ou valor intermediário, correspondendo a 30% do total.
- **Classe C**: de menor importância, valor ou quantidade, correspondendo a 50% do total.

As áreas adequadas para a análise ABC incluem o gerenciamento de estoque; de manutenção; de qualidade; de tempo.

O principal benefício dessa análise é que, com base nos resultados obtidos pela curva ABC, os gestores podem tomar decisões coerentes de compra para o gerenciamento e controle de estoque, otimizando a aplicação de recursos financeiros e materiais, o que evita as aquisições desperdiçadas ou desnecessárias e aumenta a lucratividade.

No que tange às ações gerenciais orientadas a cada classe da curva ABC, de forma prática, é válida a seguinte sistemática:

- **Item A**: implica ações orientadas a um controle muito rigoroso que resultam em registros completos e precisos da situação em estoque. Dada essa relevância, são itens em constante revisão.
- **Item B**: nessa classe, observam-se ações orientadas a um controle menos rígido que os itens A. Contudo, demanda a existência e a manutenção de registros, pois são passíveis de revisão regular.
- **Item C**: nessa classe, observa-se a existência de controles mais simples, que demandam igualmente registros. São itens visados em grandes inventários, para que, periodicamente, sejam revisados e reordenados.

Outra ferramenta de controle de estoque é o inventário físico, que é composto pela contagem física de todos os produtos em estoque, considerando determinado período de referência. Caso surja algum tipo de diferença no quantitativo ou no valor do estoque, o setor contábil da organização deverá disponibilizar as devidas orientações e correções.

Essa ferramenta garante que a quantidade física ou existente no depósito seja consistente com a lista de estoque e relatórios contábeis. Essa prova da realidade é importante não apenas para o campo contábil e tributário da empresa, mas também para o sistema de manufatura informatizado (como MRP I, MRP II e ERP).

A precisão do controle é concluída depois que o estoque é contado, pois o valor do item correto é expresso em números percentuais. O recomendado é calcular o número de itens e o valor de cada um. Essa precisão (acurácia) é o resultado da seguinte razão: número de produtos corretos dividido pelo número total de produtos no estoque multiplicado por cem ou, então, valor dos produtos corretos dividido pelo valor total dos produtos em estoque multiplicado por cem. Em ambas as formas de cálculo, o resultado é expresso em porcentagem, de acordo com esta equação:

$$\text{Precisão} = (\text{estoque físico atual} / \text{estoque contábil}) \times 100$$

Com essa importante ferramenta para reabastecimento de estoque, a empresa alcançará o nível de qualidade necessário para manter a integridade das informações de estoque, de modo que os gerentes envolvidos no gerenciamento do nível de estoque apropriado possam tomar as decisões certas na hora certa, cometendo o mínimo de erros possível.

Como visto, o gerenciamento do inventário é fundamental, pois compreende uma das formas pelas quais as organizações mantêm controle de seus produtos em estoque. Uma inadequada gestão de inventário no multicanal pode impactar negativamente a experiência do consumidor, comprometendo o processo e prejudicando a reputação no mercado. Por exemplo: imagine que, em virtude de uma falha de contagem, a empresa constata, no momento previsto para entrega ao cliente que comprou o produto, que este está indisponível no estoque. Para evitar situações com essa, a precisão deve ser constante em todos os canais.

Já o lote econômico de compras (LEC) é uma ferramenta de gestão de estoque com a função de identificar a quantidade de produtos necessários em determinado pedido de reposição, visando equilibrar o custo de armazenamento e o custo de compra do mesmo pedido.

O LEC atua como um indicador da quantidade ótima de material em estoque no que tange à melhor alocação de seus recursos financeiros em termos de estoque, área e equipamentos de armazenamento.

O cálculo do lote econômico de compras envolve aspectos como demanda do produto (D), custo de pedido (CC), custo de armazenagem (CPA) e preço unitário (PU) do produto, sendo necessária a aplicação da seguinte fórmula:

$$Q = \sqrt{\frac{2 \cdot D \cdot CC}{CPA \cdot PU}}$$

Para saber mais

Complemente seu aprendizado com a leitura do artigo indicado a seguir.

CARNEIRO, P. H. et al. A aplicação do modelo do lote econômico de compras visando à redução de custos em um armazém de uma empresa de material de construção. In: SIMPÓSIO DE ENGENHARIA DE PRODUÇÃO DE SERGIPE, 9., 2017, Aracaju. **Anais do Simprod.** Aracaju: Universidade Federal de Sergipe, 2017, p. 39-47. Disponível em: <https://ri.ufs.br/bitstream/riufs/7574/2/AplicacaoModeloLote.pdf>. Acesso em: 10 nov. 2021.

É por esse motivo que o gerente deve entender como determinar corretamente o número de lotes a serem comprados e o custo unitário do estoque desses lotes, porque a vantagem disso é minimizar os custos de armazenamento e de aquisição.

Essa ferramenta de controle de estoque propõe um método para controlar a entrada e a saída do estoque da empresa e o registro dos respectivos valores.

6.5 Recebimento e programação de entregas de pedidos e separação de produtos

Para desenvolver as atividades de processamento de pedidos e separação de produtos e programar as entregas no *omnichannel*, é necessário ter uma logística integrada, que permite que essas atividades sejam interligadas, o que propicia o atendimento aos níveis de serviço esperados não apenas pela organização, mas também pelo cliente, que espera que seu pedido seja entregue de maneira satisfatória.

Conforme Ballou (2006), o atendimento de pedidos compreende as atividades físicas necessárias para:

- adquirir os itens por meio da retirada de estoque, produção ou compra;
- embalar os itens para embarque;

- programar o embarque das entregas;
- preparar a documentação para o embarque.

Algumas dessas atividades podem ser desenvolvidas em conjunto com as de entrada de pedidos, compactando, assim, o tempo de processamento (Ballou, 2006).

O sistema de processamento e entrega de pedidos precisa da utilização intensiva da tecnologia de informação, que auxiliará na coordenação das atividades, as quais englobam desde o momento em que o cliente decide considerar a possibilidade de realizar o pedido até o momento em que o produto chega a sua residência.

Para desenvolver uma boa estratégia de entrega de pedidos, alguns pontos devem ser analisados, como, por exemplo, as prioridades de entrega.

Ballou (2006) descreve que o estabelecimento de prioridades de atendimento e os procedimentos para isso influenciam o tempo do ciclo total do pedido de clientes individuais. Algumas regras de priorização poderiam ser:

- o primeiro a ser recebido é o primeiro a ser processado;
- o pedido de menor tempo de processamento;
- em primeiro lugar, os pedidos com ordem de prioridade especificada;
- os pedidos com menor prazo de entrega prometido;
- os pedidos com menos tempo restante até a data prometida de entrega.

O processo de atendimento de pedidos, com base em estoque disponível ou em produção, soma-se ao tempo do ciclo do pedido em proporção direta ao tempo necessário para coletar, embalar ou produzir. Quando não existem produtos disponíveis imediatamente para o atendimento do pedido, acontece o parcelamento do embarque.

Assim, os produtos são entregues em cargas separadas. Com isso, o cliente recebe apenas os produtos que estejam disponíveis no estoque. Essa forma de entrega pode fazer com que o custo do transporte se eleve, pelo fato de ter de realizar duas entregas, mas, por outro, lado pode deixar o cliente mais satisfeito, visto que ele receberá logo sua mercadoria.

Um fator relevante a ser ponderado diz respeito ao prazo de entrega. Quando não cumprido, o consumidor fica insatisfeito e ainda pode se sentir lesado, então, esse é um fator que deve ser cumprido rigorosamente.

Para realizar as entregas, as empresas devem analisar as rotas e os pedidos que estão próximos e, com isso, ganhar em economia no transporte. Quando pensamos no processo de entrega dos produtos ao cliente, devemos levar em consideração vários pontos que possam otimizar serviços prestados por meio da análise dos custos envolvidos e da satisfação dos clientes. Um desses pontos trata do planejamento da rota que será percorrida, isto é, da roteirização.

Miranda (2019) explica que a roteirização de veículos é um processo de planejamento e realização de roteiros de entrega de produtos para os clientes, satisfazendo suas necessidades e conservando os custos operacionais os mais baixos possíveis. Dessa forma, a roteirização é a análise dos roteiros e das paradas que serão utilizados pelos veículos para a entrega de mercadorias, com a observação de vários aspectos associados ao percurso.

Com isso, as empresas ganham em eficiência, reduzem custos e atendem aos clientes em tempo hábil.

6.6 Vantagens e desvantagens da descentralização de estoques em *omnichannel*

A política de estoques deve levar em conta a questão relacionada com as decisões de gerenciamento. O gerenciamento pode ser centralizado, no qual existe uma interdependência de estoques entre os centros de distribuição; ou descentralizado, no qual os diversos pontos de contato têm o estoque em seu próprio espaço. Em ambos os casos, exige-se um alto nível de coordenação e de comunicação apoiado pela tecnologia da informação.

A descentralização de estoques no *omnichannel* pode trazer algumas vantagens, como, por exemplo, ter determinado produto na loja física no momento em que o cliente o procura e escolhe esse canal de contato, ou, até mesmo, quando ele utiliza outro canal para compra, mas analisa o ponto de contato mais próximo para ir buscá-lo. Outra vantagem é a de ter o produto em caso de uma possível troca, trazendo satisfação para o cliente, que não terá de esperar para receber a mercadoria de volta. Quanto ao estoque em si, a descentralização traz, para cada loja física, as vantagens de poder administrá-lo por conta própria e de ter autonomia para realizar as entregas em sua região. Possibilita, ainda, a flexibilização do emprego de operações *cross-docking*, assim como o multi CD, o que reduz o valor do frete.

Entretanto, também existem vantagens na centralização desses estoques.

Mendes (2014) explica que a integração logística, ou seja, a concentração de estoque em um único local, mesmo comercializado por diferentes canais, pode evitar uma série de problemas e tem como vantagens:

- **Redução do espaço físico**: as lojas físicas não precisam de grandes espaços, funcionando muitas vezes como um *showroom*.
- **Melhor controle de estoques**: os estoques passam a ser mais precisos.
- **Menor custo**: diminuição de despesas com grandes espaços em lugares com maior valor elevado.
- **Menor prazo de entrega**: os centros de distribuição contam com recursos que poderão realizar as atividades em menor tempo.

6.7 Sistema de manufatura

A manufatura é um sistema dinâmico, complexo e multifuncional, projetado para se adaptar às modificações dos processos industriais e auxiliar as organizações a se manterem no mercado atual com alta competitividade e pressão por vendas.

Para saber mais

Confira a aplicação do termo *manufatura* no atual desenvolvimento tecnológico de informatização, sob o ponto de vista da indústria 4.0 e na produção de produtos manufaturados e processos contínuos. No vídeo indicado a seguir, é possível conhecer alguns conceitos, os quais podem auxiliar na contextualização do tema abordado neste capítulo.

VENTURELLI, M. **Manufatura 4.0 × Processo 4.0**. 2019. Disponível em: <https://www.youtube.com/watch?v=P9UDAkho2q8>. Acesso em: 10 nov. 2021.

Mediante uma combinação de recursos que criam bens e serviços de maneira eficiente, um sistema de manufatura pode atender às necessidades do cliente. No entanto, os principais estudos sobre o assunto definem dois sistemas diferentes de manufatura: o físico e o intangível.

- **Sistema físico**: esse sistema é composto por partes tangíveis da empresa, como seus canais de vendas e comunicação, máquinas, mão de obra, produtos, almoxarifados, equipamentos, transportes, entre outros.
- **Sistema intangível**: esse sistema consiste no que é intangível da empresa, como o sistema de lógica e estratégia, que envolve todo o planejamento e a gestão do sistema físico, englobando as tomadas de decisões relativas ao estoque.

Hax e Candea (1984) ainda destacam quatro principais dimensões de classificação das decisões de produtividade e estoque, de acordo com o ramo de atuação da empresa, quais sejam:

1. **Sistema de estoque puro**: do ponto de vista logístico, esse sistema é a forma mais simples para tratar dos aspectos transacionais de compra e venda em uma empresa multicanal, bem como sua movimentação e seu estoque de produtos.
2. **Sistema contínuo de produção**: aplicado em indústrias que desenvolvem poucos produtos, porém, em larga escala, como, por exemplo, as indústrias siderúrgica, química e de petróleo. De modo diferenciado, as montadoras de carros também podem ser consideradas sistemas contínuos de produção.
3. **Sistemas intermitentes de produção**: caracterizado pela produção de alta variedade de produtos, compartilhando dos mesmos recursos de matéria-prima.
4. **Sistema de produção por projeto**: proveniente da produção intermitente, que envolve a gestão da aquisição de uma quantidade complexa de produtos, aquisições (estas programadas de acordo com alguns pré-requisitos). Caracteriza-se, ainda, pela produção quase unitária e por *lead times* longos.

A segunda dimensão incide em um sistema de plano hierárquico, que divide as decisões da empresa nas seguintes categorias: planejamento estratégico, planejamento tático e controle operacional.

- **Planejamento estratégico**: é o plano que envolve as políticas e os recursos exigidos pela empresa para atender continuamente às necessidades dos consumidores.
- **Planejamento tático ou abrangente**: é o plano que envolve o uso eficiente dos recursos pelos gestores.
- **Controle operacional**: é o plano relacionado aos planejamentos detalhados de produção, bem como às decisões diárias e às minúcias dos níveis de gestão superior.

A terceira dimensão proposta por Hax e Candea (1989) é denominada *modelo de estrutura do produto* e considera três categorias que vão definir as atividades de suporte do sistema produtivo, a saber: suprimento, produção e distribuição.

Portanto, se as dimensões anteriores de plano de estratégia, tático e operacionais dão o conceito de verticalização da tomada de decisão da empresa, então a terceira dimensão dá a ideia de processos de informação e produção, descrevendo a decisão de forma horizontal.

O sistema de produção pode ser dividido de acordo com o posicionamento do produto em relação à demanda do mercado. Assim, quando a empresa espera receber pedidos de clientes para produção, o sistema de produção é dividido em:

- **Orientado para o estoque** (MTS): sistema de produção em que a empresa produz determinado produto antes do recebimento dos pedidos dos clientes.
- **Orientado para o pedido** (MTO): sistema de produção realizado quando o cliente "aciona" o pedido, e a empresa autoriza, então, a aquisição da matérias-primas e o processo de produção.

Com base nessas definições, é possível concluir que o estoque é muito importante nas decisões de fabricação, já que existem diversos estágios do sistema físico que podem ser classificados de várias maneiras.

Sob a perspectiva da manufatura, Buffa e Miller (1979) destacam a classificação de estoques de acordo com suas funções físicas:

1. **Estoque do canal de suprimentos**: tem a função de compreender a quantidade de produtos em trânsito.
2. **Estoque de ciclo**: está relacionado ao produto armazenado para atender às necessidades entre determinados períodos de suprimento.
3. **Estoque de segurança**: especifica a quantidade de produto a ser mantido para respaldar as incertezas do mercado.
4. **Estoque sazonal**: é utilizado em casos em que a demanda por determinado produto não é constante e pode ser considerada vantajosa para antecipar a produção de produtos em quantidades que atendam a demandas futuras.
5. **Estoque pulmão**: proporciona garantia à independência entre fases do processo de produção ou aquisição de produtos.

As atividades de controle de estoque são caracterizadas pela organização dos itens disponíveis aos clientes. Essa atividade coordena as funções de compra, fabricação e distribuição para atender à demanda do mercado. Wild (1997) propõe uma classificação semelhante à anterior, de acordo com os principais motivos para desenvolver estoques.

- **Quantidade de compra**: está relacionada ao lote de venda do fornecedor, bem como às restrições técnicas de produção de logística de transporte.
- **Estoque de segurança:** possibilita a acomodação da empresa frente às variações de demanda, assim como influencia a competitividade e o poder de compra da organização.

Exemplificando

Muitas indústrias, exportadores ou fornecedores costumam ofertar menores preços para grandes quantidades de produtos adquiridos; dessa forma, a empresa pode disponibilizar uma quantidade de produtos que atenda à sua demanda e, ainda, constituir seu estoque de segurança.

- **Mudanças de mercado**: podem proporcionar algumas vantagens comerciais, já que permitem que as empresas desenvolvam estoques conforme as mudanças no padrão de disponibilidade de determinado produto.
- **Obsolescência**: aspecto que influencia os departamentos de vendas e de gestão de estoques, disponibiliza promoções ou substituição de um produto por outro.
- **Responsabilidades**: quando as responsabilidades fogem do plano estratégico da empresa, o setor de compras precisa otimizar os custos de aquisição de bens em detrimento das ações de produções e vendas.
- **Localização**: refere-se à quantidade e à localização dos centros de distribuição, armazéns e canais de venda.
- **Restrições tecnológicas**: estão relacionadas à acomodação do estoque, relativas às variações provenientes da falta de credibilidade dos resultados do sistema de informação interna da empresa ou de seus fornecedores.

Contudo, as definições propostas até o momento não levam em consideração o ideal de *just in time*, ou seja, a meta oportuna de redução de estoque. No entanto, um alerta deve ser feito para quem procura formas de reduzir ou mesmo eliminar o estoque, pois isso representa uma quebra de paradigma, já que o sistema comercial multicanal considera a necessidade de manutenção do estoque como fator de ineficiência operacional.

Retornando à definição de um sistema de manufatura, ou seja, a combinação de recursos que criam bens e serviços, é necessário, então, criar um sistema eficaz de planejamento e controle da produção para desenvolver bens e serviços que possam ser gerenciados de acordo com as atividades de produção e bons níveis de serviços para os clientes.

Cada empresa desenvolve uma estratégia de manufatura específica, complementada por uma série de políticas e procedimentos que melhoram com o tempo. Uma vez que a manufatura é um sistema complexo e que cada empresa tem suas características próprias, não existe um plano simples e unificado ou uma solução de controle adequada para todas as empresas e todos os ambientes de produção.

O desempenho interno da manufatura restringe o desempenho externo da empresa percebido pelos clientes. Assim, para obter um bom desempenho interno, deve haver um bom sistema de apoio à decisão do planejamento da produção.

Todas as decisões demandam curto e médio prazos, o que acarreta problemas de combinação de variáveis, de modo que soluções intuitivas e sem planejamento se tornam inadequadas, pois o ser humano não é capaz de administrar todas as informações e todos os dados existentes.

Dessa forma, o gestor utiliza sistemas de planejamento e controle de manufatura e estoque, divididos em três abordagens dominantes:

1. **Pesquisa operacional**: sistema que utiliza modelagem matemática para a programação linear das operações de estoque.
2. **MRP I, MRP II e ERP**: já descritos no início deste capítulo.
3. *Just in time:* sistema relacionado ao enfoque de dados como alternativa para gerenciar as atividades industriais, envolvendo melhorias nos sistemas físicos e lógico da empresa, a fim de minimizar custos operacionais, processos ineficientes e perdas. Essa ferramenta representa um grande desafio aos gestores, já que busca a redução em tempo ideal.

Por fim, a gestão de estoque é muito importante porque lida com os principais bens ativos de uma organização. Se essa gestão falhar, a empresa pode deixar de gerar lucros e de agregar valor ao processo.

Outro ponto básico dentro da empresa é o armazenamento e transporte de materiais, uma vez que, se não for operado adequadamente, também causará danos materiais, perdas e novos custos para a empresa.

Grandes estoques e má administração tornam o preço final do produto mais caro e ensejam o uso impróprio do capital de giro. Por outro lado, quando são usados métodos de controle de estoque apropriados e procedimentos de armazenamento satisfatórios, a empresa pode oferecer aos clientes maiores vantagens e melhores serviços.

Atualmente, por meio da informatização, o gestor pode contar com os diversos sistemas e várias ferramentas de gestão de estoque multicanais estudados nesta obra para auxiliá-lo na execução dos procedimentos de gestão da empresa, trazendo benefícios, controle abrangente e organização para melhorias futuras.

São exemplos de sistemas integrados úteis relacionados com o estoque: plano mestre de produção, MRP I, MPR II e ERP, que promovem benefícios relacionados à empresa do ponto de vista de custo × benefício, respeitando o nível de serviços prestados aos consumidores, sem aumentar o estoque ou ocasionar altos custos de manutenção.

Nesse sentido, o MRP II e o ERP são sistemas fundamentais para auxiliar e otimizar o controle dos materiais, que vão ao encontro das necessidades globais da empresa, organizando a informação partilhada e sincronizada pelos vários departamentos.

Os benefícios do controle de estoque também viabilizam uma possível sistematização e padronização da gestão dos estoques das empresas. Além de realizar o controle e o monitoramento dos resultados, essa gestão auxilia na identificação de possíveis fragilidades no processo, podendo, portanto, ajustar a intensidade do trabalho para melhorar continuamente todos os aspectos da organização.

Exercício resolvido

As empresas que estabeleceram suas estratégicas comerciais com base na utilização de multicanais precisam obter um adequado suporte logístico para atender à demanda de vendas. Além do processo logístico de transporte para entrega e recebimento, há um papel fundamental na gestão de estoque dos produtos comercializados. Sem esses setores, seria impossível atender às necessidades de consumo no tempo adequado, visto que, para o consumidor da atualidade, o tempo é muito valioso e serve como uma vantagem competitiva.

Nesse cenário, um dos principais motivos para desenvolver estoques relacionados à acomodação da empresa varejista diante das variações de demanda é:

a. localização.
b. restrição tecnológica.
c. quantidade de compra.
d. estoque de segurança.

Gabarito: d

Feedback **do exercício**: O estoque de segurança é um dos principais motivos para desenvolver estoques, já que possibilita a acomodação da empresa diante das variações de demanda, bem como influencia a competitividade e o poder de compra da organização.

Síntese

Neste capítulo, você estudou:

- os conceitos de estoque;
- o planejamento e o controle de estoques multicanais;
- os principais tipos de estoque;
- as funções do controle de estoque;
- as ferramentas para controle de estoque;
- o conceito de manufatura;
- os sistemas de manufatura.

considerações finais

A principal razão para estudarmos o sistema multicanal é que ele melhora a visibilidade da empresa para o cliente e seu estoque, o que viabiliza decisões embasadas em dados precisos, aumenta a receita e reduz os custos operacionais. Insistimos no fato de que a simples existência de vários canais não significa, necessariamente, integração entre eles, e é a integração que traz valor para a empresa. Essa integração entre canais constinua sendo um desafio para as plataformas, pois elas precisam ser simplificadas e unificadas, mas as empresas também devem considerar que a tecnologia é apenas uma parte dela, e mudanças dentro da organização quase sempre serão necessárias.

Em primeiro lugar, o uso de sistemas de gerenciamento de conteúdo de produtos pode centralizar todas as informações relacionadas ao produto, sejam informações técnicas, sejam de *marketing*, sejam de vendas.

Em seguida, informações uniformes e consistentes podem ser exibidas em todos os canais, mas é necessário adotar um sistema de gerenciamento de conteúdo para garantir a consistência entre os canais, por exemplo, o uso de blocos de texto.

Os clientes devem ser capazes de interagir com a empresa, independentemente do canal que utilizam, ou seja, a experiência deve ser simples e intuitiva. Isso é possível por meio de uma plataforma que abrange todos os canais sem a necessidade de diferentes sistemas.

Também é importante que a plataforma utilizada tenha um sistema de gerenciamento de conteúdo que permita a criação de conteúdos consistentes em todos os canais, incluindo dispositivos móveis.

A experiência de compra desses dispositivos deve ser tão rica quanto a experiência de compra nas lojas *on-line* tradicionais, por isso é necessário criar *designs* específicos para celulares e *tablets*. Atualmente, uma loja que não se faça presente em aplicativos usados em dispositivos móveis terá grandes chances de fracasso. É preciso adaptar-se a essa nova realidade e criar novas experiências para os clientes, gerando mais fidelização e engajamento.

Por fim, esperamos que, com a leitura deste livro, você tenha compreendido as estratégias multicanal e *omnichannel* a fim de as aplicar a seu contexto organizacional. Entre as tantas descobertas que fizemos nesta jornada, vimos que essa estratégia é um desafio, mas, se projetada adequadamente, pode fornecer resultados incríveis para alcançar a diferenciação de sua empresa dentro de seu mercado de atuação.

Investir nessas abordagens é uma oportunidade para empresas que querem obter destaque e atrair novos clientes. Nesse processo, compreendemos que, com a eficiência da integração dos canais, é possível superar a expectativa do consumidor. Então, mãos à obra!

referências

ADVANI, R.; CHOUDHURY, K. Making the most of B2C wireless. **Business Strategy Review**, v. 12, n. 2, 2001.

ALBESA, J. G.; CARBALLIDO, X. A. **Estratégia de marketing multicanal**. Universitat Rovira i Vigili, 2005.

AFONSO, C.; ALVAREZ, S. **Ser digital**. Alfragide: Casa das Letras, 2020.

ALMEIDA, C.; CHAGAS, E. **Guia para iniciantes do SAP**. Espresso Tutorials: eBook Kindle, 2018.

ALMEIDA, C. M. P. R. de; SCHLÜTER, M. R. **Estratégia logística**. Curitiba: Iesde, 2012.

ALVES, A.; BARAVELLI, V. **Tópicos avançados de marketing**. São Paulo: Senac, 2019.

ARNOLD, J. R. T. **Administração de materiais**. São Paulo: Atlas, 1999.

ASCARI, F. **Afinal, o que é marketing?** 2017. Disponível em: <https://www.youtube.com/watch?v=obguExiYX6M>. Acesso em: 10 nov. 2021.

AZEVÊDO, M. **Estratégias multicanal**: por que a sua empresa precisa investir nisso? 2018. Disponível em: <https://www.ecommercebrasil.com.br/artigos/estrategia-multicanal-por-que-sua-empresa-precisa-investir-nisso/>. Acesso em: 10 nov. 2021.

BALDAM, R. L.; VALLE, R.; ROZENFELD, H. **Gerenciamento de processos de negócios**: BPM – uma referência para implantação prática. Rio de Janeiro: Elsevier, 2014.

BALLOU, R. H. **Gerenciamento da cadeia de suprimentos**: planejamento, organização e logística empresarial. 5. ed. Porto Alegre: Bookman, 2006.

BALLOU, R. H. **Logística empresarial**: transporte, administração de materiais e distribuição física. São Paulo: Atlas, 2010.

BELMONT, F. **Marketing digital e e-commerce**. São Paulo: Senac, 2020.

BORGES, A. R. **Marketing digital básico**: conceitos, fundamentos, estratégias. São Paulo: AgBook, 2020.

BOWERSOX, D. J; CLOSS, D. J; COOPER, M. B. **Gestão logística de cadeias de suprimentos**. Porto Alegre: Bookman, 2006.

BRANDALISE, L. **Administração de materiais e logística**. Porto Alegre: Simplíssimo, 2017.

BRANDÃO, B. **Conheça 7 exemplos de omnichannel apresentados por grandes marcas**. 2019. Disponível em: <https://maplink.global/blog/exemplos-de-omnichannel/>. Acesso em: 10 nov. 2021.

BRANDÃO, V. **A percepção do consumidor**: uma estratégia de marketing. 2009. Disponível em: <https://administradores.com.br/artigos/a-percepcao-do-consumidor-uma-estrategia-de-marketing>. Acesso em: 10 nov. 2021.

BRASIL. Ministério da Infraestrutura. **A hierarquia de necessidades de Maslow**: o que é e como funciona. 2018. Disponível em: <https://www.gov.br/infraestrutura/pt-br/assuntos/gestao-estrategica/artigos-gestao-estrategica/a-hierarquia-de-necessidades-de-maslow>. Acesso em: 10 nov. 2021.

BUFFA, E. S.; MILLER, J. G. **Production-inventory systems**: planning and control. 3. ed. Homewood III: Richard D. Irwin, 1979.

CAMINOS, A. et al. (Org.). **Novos meios, novas linguagens, novos mercados**. Aveiro: Ria Editorial, 2019.

CANALTECH. **Como fazer compras pela internet com segurança?** 2019. Disponível em: <https://www.youtube.com/watch?v=QqqJtr-7DUk>. Acesso em: 10 nov. 2021.

CÂNDIDO, G. **Multicanalidade e atendimento**. São Paulo: Senac, 2021.

CASA DA CONSULTORIA. **Diferença entre propaganda e publicidade.** Disponível em: <https://casadaconsultoria.com.br/diferenca-entre-propaganda-e-publicidade/>. Acesso em: 10 nov. 2021.

CAVALCANTI, R. **Modelagem de processos de negócios**: roteiro para realização de projetos de modelagem de processos de negócios. Rio de Janeiro: Brasport, 2017.

COPELAND, M. T. **Marketing problems**. 3. ed. A. W. Shaw Co, 2019.

CRUZ, L. T.; ALENCAR, A. J. SCHMITZ, E. A. **Assistentes virtuais inteligentes e chatbots**: um guia prático e teórico sobre como criar experiencias e recordações encantadoras para os clientes da sua empresa. Rio de Janeiro: Brasport, 2018.

DANDARO, F.; MARTELLO, L. L. Planejamento e controle de estoque nas organizações. Revista Gestão Industrial, Universidade Tecnológica Federal do Paraná (UTFP), Ponta Grossa, v. 11, n. 2, p. 170-185, 2015. Disponível em: <https://periodicos.utfpr.edu.br/revistagi/article/view/2733/2172>. Acesso em: 10 nov. 2021.

DIAS, M. A. R. **Administração de materiais**: uma abordagem logística. 5. ed. São Paulo: Atlas, 2010.

DIAS, S. W. **O desafio do varejo multicanal: o comportamento *free-riding* do consumidor**. 337 f. Tese (Doutorado em Ciências) – Universidade de São Paulo, São Paulo, 2014. Disponível em: <https://www.teses.usp.br/teses/disponiveis/12/12139/tde-05092014-134326/publico/SuzanaWayandDiasVC.pdf>. Acesso em: 10 nov. 2021.

DI BONIFÁCIO, M. **O cliente multicanal**. 2012. Disponível em: <https://www.ecommercebrasil.com.br/artigos/o-cliente-multicanal/>. Acesso em: 10 nov. 2021.

DLOJAVIRTUAL. **Como será o e-commerce no 2020 pós-quarentena?** 2020. Disponível em: <https://www.youtube.com/watch?v=LQqlcjsrR1g>. Acesso em: 10 nov. 2021.

DUKIC, G.; CESNIK, V.; OPETUK, T. Order-picking Methods and Technologies for Greener Warehousing, **Strojarstvo: Journal for Theory and Application in Mechanical Engineering**, v. 52, n. 1, p. 23-31, 2010.

E-COMMERCE BRASIL. **As múltiplas possibilidades do comércio eletrônico**: novos modelos. 2012a. Disponível em: <https://www.ecommercebrasil.com.br/artigos/as-multiplas-possibilidades-do-comercio-eletronico-novos-modelos/>. Acesso em: 10 nov. 2020.

E-COMMERCE BRASIL. **Com pandemia, e-commerce cresce 81% em abril e fatura R$ 9,4 bilhões**. 2020. Disponível em: <https://www.ecommercebrasil.com.br/noticias/e-commerce-cresce-abril-fatura-compreconfie-coronavirus/>. Acesso em: 10 nov. 2021.

E-COMMERCE BRASIL. **Guia de estudos sobre multicanal**. 2012b. Disponível em: <https://www.ecommercebrasil.com.br/wp-content/uploads/2012/06/Pocket_Multicanal.pdf>. Acesso em: 10 nov. 2021.

ECOMMERCE NA PRÁTICA. 2020. Disponível em: <https://www.youtube.com/watch?v=OFCeLEqzeKU>. Acesso em: 10 nov. 2021.

EMPRAD. **Magazine Luiza e a transformação digital do varejo**. 2018. Disponível em: <http://sistema.emprad.org.br/2018/arquivos/60.pdf>. Acesso em: 10 nov. 2021.

FERREIRA, C. **A evolução do e-commerce no Brasil**. 2019. Disponível em: <https://www.youtube.com/watch?v=3njbQFaE2Qo>. Acesso em: 10 nov. 2021.

FERREIRA. **Entenda a diferença entre publicidade institucional e comercial**. Disponível em: <https://publicidademarketing.com/publicidade-institucional/>. Acesso em: 10 nov. 2021.

FRANCO, R.; MAIA, L. **A logística para estratégia omnichannel: uma revisão bibliográfica sistemática**. 2019. Disponível em: <http://bibliotecadigital.fgv.br/ocs/index.php/clav/clav2019/paper/view/7261/1999>. Acesso em: 10 nov. 2021.

FRAZELLE, E. **Supply chain strategy**: The logistics of supply chain management, New York: Mc Graw-Hill, 2002.

GARCIA, D. **A importância da transformação digital**: por que as empresas devem adotá-la para se manterem competitivas na era digital. Curitiba: Clube de Autores, 2020.

GRANT, D. **Gestão de logística e cadeia de suprimentos**. São Paulo: Saraiva, 2013.

HAX, A.; CANDEA, D. **Production and inventory management**. New Jersey: Prentice-Hall, 1984.

HELLER, Z. **Branding for Bloggers**: tips to grow your online audience and maximize your income. New York: New York Institute, 2013.

IETEC. **Logística**: uma visão geral e a importância do controle de estoques. 13 fev. 2017. Disponível em: <https://blog.ietec.com.br/logistica-uma-visao-geral-e-a-importancia-do-controle-de-estoques/>. Acesso em: 10 nov. 2021.

IZIDORO, C. (Org.). **Gestão de tecnologia e informação em logística**. São Paulo: Pearson Education do Brasil, 2016.

JACOBS, F. R.; CHASE, R. B. **Administração da produção e de operações**: o essencial. São Paulo: Bookman, 2009.

J. C. PENNEY COMPANY. **JCPenney Reports Third Quarter 2019 Financial Results**. 2019. Disponível em: <https://www.globenewswire.com/news-release/2019/11/15/1947954/0/en/JCPenney-Reports-Third-Quarter-2019-Financial-Results.html>. Acesso em: 10 nov. 2021.

KATROS, V. A note on internet technologies and retail industry trends. **Technology in Society**, v. 22, n. 1, p. 75-81, jan. 2000.

KELLER, K. L. **Gestão estratégica de marcas**. São Paulo: Pearson Prentice Hall, 2006.

KOTLER, P. **Administração de marketing**. 10. ed. São Paulo: Pearson Prentice Hall, 2000.

LIMA, E. **Por que a tecnologia da informação é importante para empresas?** Disponível em: <https://witec.com.br/tecnologia-da-informacao-para-empresas/>. Acesso em: 10 nov. 2020a.

LIMA, F. **Tópicos avançados de gestão comercial**. São Paulo: Senac, 2020b.

LUCINDA, M. A. **Qualidade**: fundamentos e práticas para cursos de graduação. Rio de Janeiro: Brasport, 2010.

LYRA, J. R. L. **Implementação da estratégia omnichannel em uma rede varejista**: impactos na cadeia de abastecimento. 134 f. Dissertação (Mestrado em Gestão e Tecnologia em Sistemas produtivos) – Centro Estadual de Educação e Tecnologia Paula Souza, São Paulo, 2018. Disponível em: <http://www.pos.cps.sp.gov.br/files/dissertacoes/file/42/8a959d9d74bbe7d97e0e092aadf04455.pdf>. Acesso em: 10 nov. 2021.

MANSANO, F. **Varejo multicanal, o novo consumidor e a Facebook Store**. 2012. Disponível em: <https://www.ecommercebrasil.com.br/artigos/varejo-multicanal-novo-consumidor-e-a-facebook-store/>. Acesso em: 10 nov. 2021.

MARTINS, J. R. **Branding**: o manual para você criar, gerenciar e avaliar marcas. 3. ed. São Paulo: Global Brands, 2006.

MARTINS, P. G. **Administração de materiais e recursos patrimoniais**. 3. ed. São Paulo: Saraiva, 2009.

MEIO&MENSAGEM. **Omnistory, a loja do futuro da GS& Gouvêa de Souza**. Disponível em: <https://www.youtube.com/watch?v=ewl1PBTsHfI&t=1s>. Acesso em: 10 nov. 2021.

MENDES, R. **Logística**: mercado, tendências e inovações. ASAPLog, 2014. v. 2.

MIRANDA, R. **Estratégia de comercialização e logística integrada**. São Paulo: Senac, 2019.

NICHOLSON, M., CLARKE, I.; BLAKEMORE, M. One brand, three ways to shop: situational variables and multichannel consumer behavior. **International Review of Retail, Distribution and Consumer Research**, v. 12, n. 2, jan. 2002.

OS DESAFIOS do varejo multicanal. **Jornal do Consumidor**, 17 dez. 2018. Disponível em: <https://www.youtube.com/watch?v=JU71l8DWZHE>. Acesso em: 10 nov. 2021.

PANETTA, K. **Artificial intelligence, machine learning, and smart things promise an intelligent future**. 2016. Disponível em: <https://www.gartner.com/smarterwithgartner/gartners-top-10-technology-trends-2017>. Acesso em: 10 nov. 2021.

PAOLESCHI, B. **Cadeia de suprimentos**. São Paulo: Érica, 2015.

PAYNE, A.; FROW, P. The role of multichannel integration in customer relationship management. **Industrial Marketing Management**, v. 33, n. 6, p. 527-538, 2004.

PAYPAL. Disponível em: <https://www.paypal.com/br/webapps/mpp/home>. Acesso em: 10 nov. 2021.

RAZZOLINI FILHO, E. **Administração de material e patrimônio**. Curitiba: Iesde, 2012.

REISSWITZ, F. **Análise de sistemas**: tecnologias e sistemas de informação. Rio de Janeiro: Clube de Autores, 2012.

ROCCATO, P. L. **Como vender valor**: o revolucionário sistema Venda + Valor para resolver os problemas dos clientes e vencer. São Paulo: Portal do Canal, 2017.

ROSS, J. W.; WEILL, P.; ROBERTSON, D. C. **Arquitetura de TI como estratégia empresarial**. São Paulo: M. Books do Brasil, 2008.

SCHULTZ, D. Multicanal: novo termo, velhos desafios. **Notícias de Marketing**, 29 abr. 2002.

SILVA, G. G. R. da. **Gestão de estoques e armazenagem**. São Paulo: Senac, 2018.

SIMCHI-LEVI, D.; KAMINSKY, P.; SIMCHI-LEVI, E. **Cadeias de suprimentos**: projeto e gestão – conceitos, estratégias e estudos de caso. Porto Alegre: Bookman, 2010.

SOUSA, J. M. **Impacto ambiental e logística reversa**. São Paulo: Senac, 2019.

SOUZA, M. G. **A transformação dos negócios na Omniera**. São Paulo: GS&MD, 2015.

STANTON, D. **Gestão da cadeia de suprimentos para leigos**. Rio de Janeiro: Alta Books, 2019.

TALIN, Benjamin. **Multi-Channel, Omnichannel or Personalization**: What is That? 19 Jan. 2021. Disponível em: <https://morethandigital.info/en/multi-channel-omni-channel-or-personalization-what-is-that/>. Acesso em: 10 nov. 2021.

TECNICON SISTEMAS GERENCIAIS. **O que é plano mestre de produção e como executá-lo?** 2019. Disponível em: <https://www.tecnicon.com.br/blog/446-O_que_e_Plano_Mestre_de_Producao_e_como_executa_lo_>. Acesso em: 10 nov. 2021.

TEIXEIRA, T. **Comércio eletrônico**: conforme o Marco Civil da Internet e a regulamentação do e-commerce no Brasil. São Paulo: Saraiva, 2015.

TONINI, A. C. **Gestão de processos de negócios**. São Paulo: Senac, 2020.

VEJA ON LINE. **Magazine Luiza testa sistema de retirada de produtos em duas horas**. 2018. Disponível em: <https://veja.abril.com.br/economia/magazine-luiza-testa-sistema-inedito-de-entrega-de-produtos-em-2-horas/>. Acesso em:10 nov. 2021.

VENTURELLI, M. **Manufatura 4.0 x Processo 4.0**. 2019. Disponível em: <https://www.youtube.com/watch?v=P9UDAkho2q8>. Acesso em: 10 nov. 2021.

VERHOEF, P. C.; KANNAN, P. K.; INMAN, J. J. From Multi-Channel Retailing to Omni-Channel Retailing: Introduction to the Special Issue on Multi-Channel Retailing. **Journal of Retailing**, v. 91, n. 2, p. 174-181, 2015.

VERÍSSIMO, C. **Logística básico e conceitos da NR 16 e 29**: raciocínios e cálculos. São Paulo: Clube de Autores, 2018.

VIANA, J. J. **Administração de materiais**: um enfoque prático. São Paulo: Atlas, 2000.

VIEIRA, H. F. **Gestão de estoques e operações industriais**. Curitiba: Iesde, 2009.

VITORINO, R. **Além do empreendedorismo**. Recife: Clube de Autores, 2016.

WEETMAN, C. **Economia circular**: conceitos e estratégias para fazer negócios de forma mais inteligente, sustentável e criativa. São Paulo: Autêntica Business, 2019.

WESTERMAN, G.; BONNET, D.; MCAFEE, A. **Liderando na era digital**. São Paulo: M. Books do Brasil, 2016.

WILD, T. **Best practice in inventory management**. New York: John Wiley & Sons, 1997.

WINDHAM, L. **The soul of the new consumer:** the attitudes, behavior, and preferences of e-customers. Oxford: Windsor, 2000.

WIRECARD. **Guia completo das vendas omnichannel**. 2020. Disponível em: <https://moip.com.br/wp-content/uploads/2020/02/WD_EBOOK_OMNICHANNEL.pdf>. Acesso em: 10 nov. 2021.

XAVIER, C. M. da S. et al. **Gerenciamento de projetos de mapeamento e redesenho de processos**: uma adaptação da metodologia Basic Methodware. Rio de Janeiro: Brasport, 2017.

bibliografia comentada

BALLOU, R. **Gerenciamento da cadeia de suprimentos**: planejamento, organização e logística empresarial. 5. ed. Porto Alegre: Bookman, 2006.

Esse livro, que foi publicado no Brasil em 2006, aborda o planejamento, a organização e o controle da logística empresarial da cadeia de suprimentos. Nele, o leitor encontrará a aplicação prática das principais questões sobre cadeias de suprimento e estoque por meio de exemplos, exercícios e estudos de caso, que transcendem o estudo teórico-conceitual.

O livro, em seu formato completo, também disponibiliza um material em mídia com programa didático informatizado voltado à solução de problemas e previsão de demanda, localização de instalação, roteirização de veículos e dimensionamento de estoques, fatores muito importantes para operações multicanais.

MAGALHÃES, A. **Logística omnichannel & e-commerce**: soluções para as cidades do futuro. eBook Kindle, 2020.

Esse livro traz uma análise detalhada do conceito *omnichannel*, reunindo dados atualizados sobre sua aplicação no mercado nacional e internacional e, ainda, explicações das mudanças logísticas necessárias à operação. Além disso, contempla também *cases* e iniciativas de referência no assunto.

MARTINS, J. **Branding**: o manual para você criar, gerenciar e avaliar marcas. 3. ed. São Paulo: Global Brands, 2006.

Esse livro aborda os passos e os *insights* necessários aos vários estágios de criação, desenvolvimento e administração de marcas, incluindo o contexto de operações multicanais. A publicação preenche uma lacuna, já que parte da base e percorre todos os passos para um efetivo *branding*, dando exemplos muito próximos a situações cotidianas. Para os iniciados, as primeiras partes servem como aquela aula de reforço de um material fundamental. Já para os iniciantes, o material serve como um guia detalhado sobre como partir do zero e tentar tirar o atraso ou construir desde o início um negócio com bases concretas.

MARTINS, P. **Administração de materiais e recursos patrimoniais**. São Paulo: Saraiva, 2009.

Diferentemente da abordagem tradicional, voltada à "velha" administração de materiais, esse livro foi estruturado para atender às exigências do novo currículo da disciplina, destacando as recentes transformações na área.

Assim, com uma linguagem extremamente clara e didática, evitando demonstrações matemáticas desnecessárias, a obra aborda as principais inovações e tendências no campo da administração de materiais, como a *electronic data interchange* (EDI) ou "troca eletrônica de dados"; a *efficient consumer response* (ECR) ou "resposta eficiente ao consumidor"; computador integrado à manufatura (CIM); engenharia simultânea; qualidade em tempo real; internet; *co-markership*; *supply chain*; além de uma atenção especial à logística.

OLIVEIRA, T. C. M. de; PIGATTO, G.; PIGATTO, G. A. S. A relação entre estratégica multicanal e inovação. **Revista Capital Científico**, São Paulo, v. 17, n. 4, 2019, p. 7-26, 2019. Disponível em: <https://revistas.unicentro.br/index.php/capitalcientifico/article/view/6109/pdf>. Acesso em: 10 nov. 2021.

Trata-se de um artigo que busca verificar quais são os aspectos inovadores da estratégia multicanal e as aplicações práticas dessa estratégia. Como resultado, observa-se que as principais mudanças estão atreladas às novas formas de gestão, à redução de custos e ao acesso à informação. Além disso, verifica-se que as empresas varejistas são as que mais utilizam múltiplos canais de distribuição, enquanto as empresas fabricantes também estão buscando novos canais para estar em contato direto com o consumidor. Nota-se, também, que ofertar produtos por plataformas *on-line* é uma tendência entre as organizações.

sobre as autoras

Laís Ribeiro é mestre em Gestão de Marketing pelo Instituto Português de Administração e Marketing (IPAM), especialista em Gestão Empresarial pela Fundação Getúlio Vargas (FGV) e graduada em Sistemas de Informação pela Universidade Federal do Pará (UFPA). Já trabalhou como Diretora de Marketing e *Branding* na indústria de cosméticos no Brasil e em Portugal. Foi docente dos cursos de Administração, Marketing e Publicidade e Propaganda. Atualmente, é professora de Gestão de Marcas e *Branding* das universidades do Grupo Ser Educacional.

Dayanna dos Santos Costa Maciel é mestre (2019) em Administração pelo Programa de Pós-Graduação em Administração da Universidade Federal da Paraíba (UFPB), tendo como área de concentração Administração e Sociedade, e mestre (2014) em Recursos Naturais pelo Programa de Pós-Graduação em Recursos Naturais da Universidade Federal de Campina Grande (UFCG), com ênfase na linha de pesquisa Sustentabilidade e Competitividade. É graduada (2010) em Administração pela mesma instituição. Atua como pesquisadora no Grupo de Estudos em Gestão da

Inovação Tecnológica (GEGIT – UFCG, cadastrado no diretório de grupos de pesquisa do Conselho Nacional de Desenvolvimento Científico e Tecnológico – CNPQ) na linha de pesquisa Inovação e Desenvolvimento Regional l com foco nos seguintes temas: administração geral, gestão da inovação, desenvolvimento regional. Atuou como pesquisadora do Grupo de Estratégia Empresarial e Meio Ambiente (GEEMA – cadastrado no diretório de grupos de pesquisa do CNPQ) na linha de pesquisa Estratégia Ambiental e Competitividade com ênfase em Modelos e Ferramentas de Gestão Ambiental.

Os papéis utilizados neste livro, certificados por instituições ambientais competentes, são recicláveis, provenientes de fontes renováveis e, portanto, um meio **respons**ável e natural de informação e conhecimento.

FSC
www.fsc.org
MISTO
Papel produzido
a partir de
fontes responsáveis
FSC® C103535

Impressão: Reproset
Fevereiro/2023